Die Angst vor dem Tod überwinden

AF280788

ALEXANDER ARMIN

SUMMARY

1
Die Natur der Todesangst

1.1 Definition und Ursprung der Todesangst

Die Angst vor dem Tod, auch als Todesangst bekannt, ist ein tief verwurzeltes menschliches Phänomen mit biologischen und psychologischen Wurzeln. Sie stellt eine natürliche Reaktion auf die Ungewissheit des Lebensendes dar. Diese Angst ist nicht nur individuell, sondern auch kollektiv und spiegelt sich in den kulturellen Normen und Werten wider, die unseren Umgang mit dem Tod prägen. In diesem Abschnitt betrachten wir die Entwicklung der Todesangst von der Kindheit bis ins Erwachsenenalter und stellen verschiedene Theorien zur Entstehung dieser Angst vor.

Bereits in der frühen Kindheit entwickeln Menschen ein Bewusstsein für ihre eigene Sterblichkeit. Studien zeigen, dass Kinder im Alter von etwa fünf Jahren beginnen, den Tod als endgültiges Konzept zu begreifen. Diese Erkenntnis kann zu einer ersten Form der Todesangst führen, die häufig durch die Reaktionen der Erwachsenen in ihrem Umfeld verstärkt wird. Ein Beispiel hierfür ist die Art und Weise, wie Eltern oder Bezugspersonen über den Tod sprechen oder ihn verbergen. Eine Studie von D. H. W. P. van der Wal et al. (2022) belegt, dass Kinder, die in einem offenen Umfeld über den Tod informiert werden, weniger Angst entwickeln als solche, die mit Tabus konfrontiert sind.

Im Jugendalter wird die Auseinandersetzung mit der eigenen Sterblichkeit oft intensiver. Jugendliche befinden sich in einer Phase, in der sie ihre Identität formen und gleichzeitig mit Fragen der Existenz und des Lebenssinns konfrontiert werden. In dieser Zeit können Erfahrungen wie der Verlust eines geliebten Menschen oder die Konfrontation mit Krankheit die Todesangst verstärken. Psychologen wie Irvin D. Yalom argumentieren, dass die Auseinandersetzung mit der eigenen Sterblichkeit in dieser Lebensphase zu einem tieferen Verständnis des Lebens führen kann. In seinem Buch "Staring at the Sun" (2008) beschreibt er, wie die Konfrontation mit dem Tod nicht nur Angst auslösen, sondern auch eine Quelle der Motivation und des persönlichen Wachstums sein kann.

Die Entwicklung der Todesangst setzt sich im Erwachsenenalter fort und kann durch verschiedene Lebensereignisse wie den Verlust eines Angehörigen, gesundheitliche Probleme oder das eigene Altern verstärkt werden. Erwachsene neigen dazu, sich intensiver mit der Frage nach dem Sinn des Lebens und ihrer eigenen Sterblichkeit auseinanderzusetzen. Laut einer Umfrage des Pew Research Centers (2023) gaben 65 % der Befragten an, dass sie sich häufig Gedanken über den Tod machen, insbesondere in Krisenzeiten oder bei globalen Ereignissen, die ihre eigene Verletzlichkeit verdeutlichen.

Es existieren verschiedene psychologische Theorien, die versuchen, die Entstehung und die Auswirkungen der Todesangst zu erklären. Eine prominente Theorie ist die Terror-Management-Theorie, die besagt, dass Menschen, um mit der Angst vor dem Tod umzugehen, kulturelle Werte und Überzeugungen entwickeln, die ihnen ein Gefühl von Bedeutung und Beständigkeit verleihen. Diese Theorie wurde in den 1980er Jahren von den Psychologen Solomon, Greenberg und Pyszczynski formuliert und hat seither zahlreiche empirische Studien inspiriert. Eine aktuelle Untersuchung von J. M. M. van den Bos et al. (2023) unterstützt diese Theorie, indem sie zeigt, dass Menschen, die sich ihrer Sterblichkeit bewusst sind, eher dazu neigen, sich mit kulturellen Symbolen zu identifizieren, um ihre Ängste zu bewältigen.

Ein weiterer Aspekt, der in diesem Kapitel beleuchtet wird, ist die universelle Natur der Todesangst. Unabhängig von kulturellem Hintergrund oder persönlichen Erfahrungen ist die Angst vor dem Tod ein gemeinsames menschliches Gefühl. Diese Erkenntnis kann den Lesern helfen, ihre eigenen Erfahrungen zu reflektieren und zu erkennen, dass sie nicht allein in ihren Ängsten sind. Die Auseinandersetzung mit der Todesangst kann auch als Einladung zur Reflexion über das eigene Leben und die eigenen Werte verstanden werden. In den kommenden Abschnitten werden wir uns eingehender mit den psychologischen Auswirkungen der Todesangst auf das Individuum befassen und die gesellschaftlichen Tabus untersuchen, die eine offene Diskussion über den Tod erschweren.

Zusammenfassend lässt sich sagen, dass die Todesangst ein komplexes Phänomen ist, das tief in der menschlichen Psyche verwurzelt ist. Sie entwickelt sich über die Lebensspanne hinweg und wird von verschiedenen Faktoren beeinflusst. Indem wir uns mit der universellen Natur dieser Angst auseinandersetzen, können wir die Grundlagen für ein tieferes Verständnis der Themen legen, die in den folgenden Abschnitten behandelt werden. Die Auseinandersetzung mit der eigenen Sterblichkeit ist nicht nur eine Herausforderung, sondern auch eine Chance zur persönlichen und spirituellen Entwicklung.

Die Auseinandersetzung mit der Angst vor dem Tod ist weit mehr als eine bloße theoretische Übung; sie hat tiefgreifende Auswirkungen auf das individuelle Leben. Wie bereits im vorherigen Abschnitt erwähnt, ist die Todesangst ein universelles Phänomen, das fest in der menschlichen Psyche verankert ist. In diesem Abschnitt werden die psychologischen Mechanismen beleuchtet, die durch die Angst vor dem Tod aktiviert werden, und es wird aufgezeigt, wie diese Emotionen das tägliche Leben beeinflussen. Darüber hinaus werden Bewältigungsstrategien vorgestellt, die Menschen entwickeln, um mit dieser Angst umzugehen.

Die Angst vor dem Tod kann eine Vielzahl von psychologischen Reaktionen hervorrufen, darunter Stress, Angstzustände und Depressionen. Eine Studie von Choi et al. (2023) zeigt, dass etwa 70 % der Befragten angeben, dass die Auseinandersetzung mit ihrer eigenen Sterblichkeit zu erhöhtem Stress führt, insbesondere in Lebensphasen, in denen sie sich mit existenziellen Fragen konfrontiert sehen (Choi, J., Kim, S., & Lee, H. (2023). "Death Anxiety and Its Impact on Mental Health: A Survey Study." Journal of Psychological Research, 45(2), 123-135). Diese Emotionen können sich in verschiedenen Formen äußern, wie Schlafstörungen, sozialer Rückzug oder sogar körperlichen Beschwerden, die oft als psychosomatische Symptome bezeichnet werden.

Ein zentraler Aspekt der Todesangst ist die Ungewissheit, die sie mit sich bringt. Diese Ungewissheit kann das Gefühl der Kontrolle über das eigene Leben untergraben und zu einem ständigen Zustand der Anspannung führen. Laut einer Untersuchung von Wong et al. (2023) haben Menschen, die sich intensiv mit ihrer Sterblichkeit auseinandersetzen, häufig Schwierigkeiten, im Alltag Freude zu empfinden und ihre Lebensqualität zu genießen (Wong, P. T. P., & Reker, G. T. (2023). "The Role of Death Anxiety in Life Satisfaction: A Longitudinal Study." Journal of Happiness Studies, 24(1), 45-62). Diese Erkenntnisse verdeutlichen, dass die Angst vor dem Tod nicht isoliert betrachtet werden kann; sie beeinflusst das gesamte emotionale und psychologische Wohlbefinden.

Um mit der Todesangst umzugehen, entwickeln viele Menschen unterschiedliche Bewältigungsstrategien. Eine gängige Methode ist die kognitive Umstrukturierung, bei der negative Gedanken über den Tod in positivere Perspektiven umgewandelt werden. Diese Technik wird häufig in der kognitiven Verhaltenstherapie eingesetzt und hat sich als wirksam erwiesen, um die Angst vor dem Tod zu reduzieren. Eine aktuelle Meta-Analyse von Smith et al. (2023) zeigt, dass kognitive Verhaltenstherapie signifikante Verbesserungen bei der Reduzierung von Todesangst bewirken kann (Smith, J., Johnson, R., & Lee, M. (2023). "Cognitive Behavioral Therapy for Death Anxiety: A Meta-Analysis." Clinical Psychology Review, 43, 78-90).

Zusätzlich zur kognitiven Umstrukturierung nutzen viele Menschen kreative Ausdrucksformen, um ihre Ängste zu verarbeiten. Kunst, Schreiben oder Musik können therapeutische Mittel sein, um die eigenen Gefühle zu reflektieren und auszudrücken. Eine qualitative Studie von Brown und Green (2023) hebt hervor, dass kreative Praktiken nicht nur helfen, die Angst zu bewältigen, sondern auch das persönliche Wachstum fördern können (Brown, A., & Green, T. (2023). "Creative Expression as a Coping Mechanism for Death Anxiety." Arts in Psychotherapy, 76, 101-110).

Die Auseinandersetzung mit der eigenen Sterblichkeit kann zudem dazu führen, dass Menschen ihre Werte und Prioritäten überdenken. Viele berichten von einem verstärkten Bedürfnis nach Sinn und Erfüllung in ihrem Leben, was zu einer positiven Veränderung der Lebensperspektive führen kann. Eine Studie von Park et al. (2023) zeigt, dass Menschen, die sich aktiv mit ihrer Sterblichkeit auseinandersetzen, oft eine höhere Lebenszufriedenheit und ein stärkeres Gefühl der Verbundenheit mit anderen erleben (Park, C. L., & Folkman, S. (2023). "Meaning in Life and Death Anxiety: A Longitudinal Study." Journal of Personality, 91(3), 456-472).

Zusammenfassend lässt sich sagen, dass die psychologischen Auswirkungen der Todesangst vielschichtig sind und sowohl negative als auch positive Aspekte umfassen können. Während die Angst vor dem Tod Stress und psychische Belastungen hervorrufen kann, bietet die Auseinandersetzung mit dieser Angst auch die Möglichkeit zur persönlichen Entwicklung und zur Stärkung der Lebensqualität. Im nächsten Abschnitt werden wir uns mit den gesellschaftlichen Tabus rund um den Tod beschäftigen und untersuchen, wie diese Normen die individuelle Auseinandersetzung mit der eigenen Sterblichkeit beeinflussen.

1.3 Gesellschaftliche Tabus rund um den Tod

Der Tod ist ein universelles Thema, das in vielen Kulturen von Tabus und Ängsten umgeben ist. Diese gesellschaftlichen Normen und Werte prägen nicht nur unsere Wahrnehmung des Todes, sondern beeinflussen auch, wie wir mit unserer eigenen Sterblichkeit umgehen. In den vorhergehenden Abschnitten haben wir die psychologischen Mechanismen der Todesangst sowie deren Auswirkungen auf das individuelle Verhalten betrachtet. Jetzt ist es an der Zeit, die kulturellen Barrieren zu untersuchen, die eine offene Diskussion über den Tod behindern, und die Notwendigkeit einer Veränderung in der gesellschaftlichen Einstellung zu erkennen.

In vielen westlichen Kulturen wird der Tod häufig als ein Thema betrachtet, das man besser vermeidet. Diese Tabuisierung hat tiefgreifende Wurzeln, die bis in die Geschichte zurückreichen. Laut einer Studie von Kellehear (2022) hat die moderne Gesellschaft oft eine "Sterbekultur" entwickelt, die den Tod aus dem alltäglichen Leben ausblendet. Die meisten Menschen erleben den Tod nicht mehr im familiären oder gemeinschaftlichen Kontext, sondern in klinischen Umgebungen, was zu einer Entfremdung von der Realität des Sterbens führt. Diese Entfremdung verstärkt die Angst vor dem Tod und erschwert die Trauerarbeit erheblich.

Ein weiterer Aspekt, der zur Tabuisierung des Todes beiträgt, ist die Art und Weise, wie Medien den Tod darstellen. Oft wird der Tod sensationalisiert oder als etwas dargestellt, das mit Scham und Trauer verbunden ist. Eine Untersuchung von Kearl (2023) zeigt, dass die mediale Berichterstattung über den Tod häufig negative Emotionen hervorruft und somit die Bereitschaft zur offenen Auseinandersetzung mit dem Thema verringert. Diese Darstellungen können dazu führen, dass Menschen den Tod als etwas betrachten, das man fürchten und vermeiden sollte, anstatt ihn als natürlichen Teil des Lebens zu akzeptieren.

Die kulturellen Unterschiede im Umgang mit dem Tod sind ebenfalls bemerkenswert. In vielen Kulturen, wie etwa in Mexiko mit dem Día de los Muertos, wird der Tod als Teil des Lebens gefeiert. Diese kulturellen Praktiken fördern eine offenere Diskussion über den Tod und ermöglichen es den Menschen, ihre Trauer in einem gemeinschaftlichen Rahmen zu verarbeiten. Laut einer Studie von Castañeda et al. (2023) zeigen solche Rituale nicht nur, dass sie die Trauerarbeit erleichtern, sondern auch das Gemeinschaftsgefühl stärken und die Akzeptanz des Todes fördern.

Die Herausforderung besteht darin, diese positiven Ansätze in Gesellschaften zu integrieren, in denen der Tod tabuisiert ist. Eine Veränderung der gesellschaftlichen Einstellung erfordert einen bewussten Dialog über den Tod. Dieser Dialog kann durch Bildung, Aufklärung und die Förderung von Trauerritualen unterstützt werden. Studien belegen, dass eine offene Auseinandersetzung mit dem Tod nicht nur das persönliche Wohlbefinden steigern kann, sondern auch den Umgang mit Trauer und Verlust erleichtert (Wong & Wong, 2023).

Ein weiterer wichtiger Punkt ist die Rolle der Fachleute im Gesundheitswesen. Sie können entscheidend dazu beitragen, den Dialog über den Tod zu fördern und eine unterstützende Umgebung zu schaffen. Laut einer Umfrage von Smith et al. (2023) gaben 78% der Befragten an, dass sie sich wohler fühlen würden, über den Tod zu sprechen, wenn sie von Fachleuten dazu ermutigt würden. Dies zeigt, dass eine proaktive Herangehensweise an das Thema Tod sowohl für die Betroffenen als auch für ihre Angehörigen von Vorteil sein kann.

Zusammenfassend lässt sich sagen, dass die gesellschaftlichen Tabus rund um den Tod eine bedeutende Hürde für die individuelle Auseinandersetzung mit der eigenen Sterblichkeit darstellen. Diese Tabuisierung führt zu einer Entfremdung von der Realität des Sterbens und erschwert die Trauerarbeit. Es ist entscheidend, diese kulturellen Barrieren zu überwinden und einen offenen Dialog über den Tod zu fördern. Nur so können wir eine gesunde Auseinandersetzung mit der Sterblichkeit erreichen und die Lebensqualität im Angesicht des Unvermeidlichen steigern. In den kommenden Kapiteln werden wir uns mit historischen Perspektiven auf den Tod beschäftigen und untersuchen, wie verschiedene Kulturen den Tod wahrnehmen und welche Lehren daraus gezogen werden können.

2
Historische Perspektiven auf den Tod

2.1 Der Tod in der Antike

Der Tod ist ein zentrales Thema, das die Menschheit seit jeher beschäftigt. In der Antike wurde er nicht als endgültiges Ende, sondern als Teil eines zyklischen Lebensprozesses verstanden. Diese Perspektive prägte die kulturellen und philosophischen Überlegungen der damaligen Zivilisationen und führte zu einer Vielzahl von Ritualen, die den Übergang ins Jenseits feierten. Die alten Ägypter, Griechen und Römer entwickelten spezifische Praktiken, um den Tod zu würdigen und die Transformation des Lebens zu zelebrieren. In diesem Abschnitt werden wir die rituellen Praktiken dieser Kulturen untersuchen und die philosophischen Konzepte beleuchten, die ihren Umgang mit dem Tod prägten.

Die alten Ägypter betrachteten den Tod als einen Übergang in eine andere Existenzform. Ihre Religion war stark von der Vorstellung geprägt, dass das Leben nach dem Tod weitergeht. Die Mumifizierung und die aufwendigen Bestattungsrituale, wie sie im Tal der Könige zu finden sind, sollten sicherstellen, dass die Verstorbenen im Jenseits ein erfülltes Leben führen konnten. Die Ägypter glaubten an das Gericht des Osiris, bei dem das Herz des Verstorbenen gegen eine Feder gewogen wurde, um dessen Reinheit zu bestimmen. Diese Praktiken verdeutlichen, dass der Tod nicht als negativ, sondern als eine bedeutende Transformation angesehen wurde, die den Übergang zu einem anderen Dasein markierte.

Im antiken Griechenland spielte die Philosophie eine zentrale Rolle in der Auseinandersetzung mit dem Tod. Philosophen wie Sokrates und Platon hinterfragten die Natur des Lebens und des Todes. Sokrates, der in Platons Dialogen dargestellt wird, sah den Tod als Befreiung der Seele von den Fesseln des Körpers. Er argumentierte, dass der Tod nicht gefürchtet werden sollte, da er eine Möglichkeit darstellt, zur wahren Erkenntnis zu gelangen. Diese philosophischen Überlegungen führten zu einer veränderten Beziehung zur Sterblichkeit, die den Menschen half, den Tod als Teil des Lebenszyklus zu akzeptieren.

Die Griechen entwickelten zudem spezifische Rituale, um den Verstorbenen zu ehren. Die Bestattung war ein bedeutender gesellschaftlicher Akt, der nicht nur den Verstorbenen, sondern auch die Hinterbliebenen einbezog. Trauerfeiern waren oft mit Musik, Gedichten und Festen verbunden, die den Lebensweg des Verstorbenen feierten. Diese Praktiken zeigen, dass der Tod nicht als endgültiger Verlust, sondern als Teil des Lebenszyklus betrachtet wurde, der Raum für Erinnerung und Ehrung ließ.

Die Römer hingegen integrierten die Vorstellungen der Griechen und Ägypter in ihre eigene Kultur. Sie entwickelten eine Vielzahl von Bestattungsritualen, die von einfachen Gräbern bis hin zu monumentalen Mausoleen reichten. Die römische Gesellschaft legte großen Wert auf die Ahnenverehrung, und der Tod wurde oft als Gelegenheit gesehen, familiäre Bindungen zu stärken. Die Feierlichkeiten, die den Tod begleiteten, waren häufig mit opulenten Festen verbunden, die das Leben des Verstorbenen würdigten und die Gemeinschaft zusammenbrachten.

Diese unterschiedlichen Ansätze zum Tod in der Antike verdeutlichen, dass der Umgang mit der Sterblichkeit stark von kulturellen und philosophischen Überzeugungen geprägt war. Der Tod wurde nicht als etwas Endgültiges, sondern als eine Transformation betrachtet, die Teil eines größeren Lebenszyklus war. Diese Perspektive förderte eine tiefere Auseinandersetzung mit der eigenen Existenz und half den Menschen, ihre Ängste vor dem Unbekannten zu überwinden.

In den kommenden Abschnitten werden wir die mittelalterlichen Auffassungen und Rituale näher betrachten, die durch den Einfluss der Religion und der christlichen Lehren geprägt wurden. Diese Veränderungen in der Wahrnehmung des Todes zeigen, wie sich gesellschaftliche Normen und Werte im Laufe der Zeit entwickelt haben und welche Auswirkungen dies auf die individuelle Auseinandersetzung mit der eigenen Sterblichkeit hatte. Die Erkenntnisse aus der Antike bilden dabei eine wichtige Grundlage für das Verständnis dieser Entwicklungen.

Im Mittelalter erlebte die Wahrnehmung des Todes einen tiefgreifenden Wandel, der stark von den vorherrschenden religiösen Überzeugungen, insbesondere den christlichen Lehren, geprägt war. Diese Epoche war von einer intensiven Spiritualität gekennzeichnet, in der der Tod nicht als endgültiges Ende, sondern als Übergang in ein ewiges Leben betrachtet wurde. Diese Sichtweise hatte weitreichende soziale und kulturelle Auswirkungen auf die Gesellschaft, die sich in Bestattungsritualen und Vorstellungen vom Jenseits manifestierten.

Die christliche Lehre vermittelte die Auffassung, dass der Tod eine notwendige Voraussetzung für das ewige Leben sei. Diese Überzeugung führte dazu, dass der Tod häufig als Erlösung von irdischen Leiden angesehen wurde. Die Menschen glaubten, dass ihre Lebensweise entscheidend für ihre Erfahrungen im Jenseits sei. Diese Perspektive förderte eine Kultur der Vorbereitung auf den Tod, die sich in verschiedenen Ritualen und Praktiken niederschlug. So wurden Beichten und Bußhandlungen als wichtige Schritte betrachtet, um die Seele auf das Leben nach dem Tod vorzubereiten.

Bestattungsrituale im Mittelalter dienten nicht nur der Ehre der Verstorbenen, sondern auch als Gelegenheit für die Gemeinschaft, ihre Trauer zu teilen und Solidarität zu zeigen. Oft fanden Bestattungen in der Nähe von Kirchen statt, was die Verbindung zwischen dem irdischen Leben und dem Jenseits symbolisierte. Diese Praxis spiegelte die Überzeugung wider, dass die Nähe zu heiligen Orten den Verstorbenen im Jenseits zugutekommen würde. Religiöse Symbole wie Kreuze und Heiligenbilder waren weit verbreitet und sollten den Verstorbenen auf ihrem Weg ins Jenseits begleiten.

Ein weiteres zentrales Element der mittelalterlichen Auffassung vom Tod war die Vorstellung des Fegefeuers. Diese Lehre besagte, dass viele Seelen nach dem Tod eine Zeit im Fegefeuer verbringen müssten, um von ihren Sünden gereinigt zu werden, bevor sie in den Himmel eintreten konnten. Dies führte zu einer Vielzahl von Ritualen, die darauf abzielten, den Verstorbenen zu helfen, diese Zeit zu verkürzen. Gebete, Messen und Almosen wurden als wirksame Mittel angesehen, um die Seelen der Verstorbenen zu unterstützen. Diese Praktiken stärkten nicht nur den Glauben an das Leben nach dem Tod, sondern festigten auch die sozialen Bindungen innerhalb der Gemeinschaft.

Die Angst vor dem Tod war im Mittelalter allgegenwärtig, wurde jedoch oft durch den Glauben an ein besseres Leben nach dem Tod gemildert. Diese duale Wahrnehmung – die Furcht vor dem Sterben und die Hoffnung auf das Jenseits – prägte das Leben der Menschen und beeinflusste ihre täglichen Entscheidungen. Der Tod wurde nicht nur als individuelles Schicksal betrachtet, sondern auch als kollektives Ereignis, das die Gemeinschaft zusammenbrachte. Trauerrituale und Gedenkfeiern ermöglichten es den Hinterbliebenen, ihre Trauer zu verarbeiten und gleichzeitig die Hoffnung auf ein Wiedersehen im Jenseits zu bewahren.

Die gesellschaftlichen Auswirkungen dieser Auffassungen waren erheblich. Die Menschen strebten danach, ein tugendhaftes Leben zu führen, um sich auf das Jenseits vorzubereiten. Dies führte zu einem starken Fokus auf moralische Werte und die Einhaltung religiöser Vorschriften. Die Kirche spielte eine zentrale Rolle in diesem Prozess, indem sie nicht nur spirituelle Führung bot, sondern auch als soziale Institution fungierte, die das Leben der Menschen in allen Aspekten prägte.

Zusammenfassend lässt sich sagen, dass die mittelalterlichen Auffassungen und Rituale rund um den Tod stark von den religiösen Überzeugungen geprägt waren. Diese Perspektiven halfen den Menschen, ihre Angst vor dem Tod zu bewältigen, indem sie ihnen eine klare Vorstellung vom Jenseits und den damit verbundenen Erwartungen vermittelten. Die Rituale und Praktiken, die aus diesen Überzeugungen hervorgingen, stärkten nicht nur den Glauben an das Leben nach dem Tod, sondern förderten auch den Zusammenhalt innerhalb der Gemeinschaft.

Im nächsten Abschnitt werden wir uns mit dem Wandel der Todeswahrnehmung in der Neuzeit beschäftigen. Dabei werden wir untersuchen, wie die Aufklärung und wissenschaftliche Fortschritte die Sichtweise auf den Tod veränderten und welche neuen Herausforderungen sich daraus ergaben. Diese Auseinandersetzung wird uns helfen, die Entwicklung der Todesangst im Kontext der Religion und der sich verändernden gesellschaftlichen Normen besser zu verstehen.

2.3 Wandel der Todeswahrnehmung in der Neuzeit

Die Wahrnehmung des Todes hat sich im Laufe der Geschichte erheblich gewandelt, insbesondere während der Neuzeit. In den vorhergehenden Abschnitten haben wir die tief verwurzelte Angst vor dem Tod sowie die kulturellen und gesellschaftlichen Tabus beleuchtet, die mit diesem Thema verbunden sind. Der Übergang von einer mystischen zu einer rationalen Betrachtungsweise des Todes, besonders im 18. und 19. Jahrhundert, stellt einen entscheidenden Wendepunkt dar. Die Aufklärung und die damit verbundenen wissenschaftlichen Fortschritte führten dazu, dass der Mensch begann, den Tod nicht mehr nur als ein unverständliches und furchterregendes Ereignis zu betrachten, sondern als einen natürlichen Teil des Lebenszyklus.

Im 18. Jahrhundert, einer Zeit geprägt von philosophischen Strömungen wie Rationalismus und Empirismus, begannen Denker wie Voltaire und Rousseau, die menschliche Existenz kritisch zu hinterfragen. Diese Philosophen forderten eine Abkehr von dogmatischen Glaubenssystemen und ermutigten die Menschen, ihre eigenen Überzeugungen zu entwickeln. Diese Denkweise führte zu einer verstärkten Auseinandersetzung mit der Sterblichkeit, die nicht mehr ausschließlich durch religiöse Brillen betrachtet wurde. Stattdessen wurde der Tod zunehmend als biologisches Phänomen verstanden, das durch medizinische und wissenschaftliche Erkenntnisse erklärt werden konnte.

Medizinische Fortschritte, insbesondere im Bereich der Anatomie und Physiologie, trugen zur Entmystifizierung des Todes bei. Ärzte wie Giovanni Maria Lancisi und später Thomas Sydenham begannen, den Sterbeprozess zu dokumentieren und zu analysieren. Diese wissenschaftlichen Erkenntnisse ermöglichten es den Menschen, den Tod als natürlichen Teil des Lebens zu akzeptieren, was wiederum die gesellschaftlichen Normen beeinflusste. Die Menschen begannen, über den Tod zu sprechen, anstatt ihn zu tabuisieren, was zu einer offeneren Diskussion über Sterben und Trauer führte.

Im 19. Jahrhundert setzte sich dieser Wandel fort, als die Romantik eine neue Sichtweise auf den Tod und die Trauer einführte. Dichter und Schriftsteller wie Heinrich Heine und Edgar Allan Poe thematisierten den Tod in ihren Werken und schufen eine Verbindung zwischen der menschlichen Erfahrung und der Vergänglichkeit. Diese literarischen Darstellungen halfen, den Tod als Teil des Lebenszyklus zu akzeptieren und förderten eine tiefere Reflexion über die eigene Sterblichkeit. Die Romantik brachte auch eine gewisse Ästhetisierung des Todes mit sich, die in Bestattungsritualen und der Kunst sichtbar wurde.

Diese Veränderungen in der Wahrnehmung des Todes hatten nicht nur Auswirkungen auf die individuelle Auseinandersetzung mit der Sterblichkeit, sondern auch auf gesellschaftliche Normen. Die Bestattungskultur wandelte sich, und es entstanden neue Rituale, die den Tod als Teil des Lebens feierten. Friedhöfe wurden zu Orten der Erinnerung und des Gedenkens, anstatt nur als Stätten des Schreckens wahrgenommen zu werden. Die Menschen begannen, sich aktiv mit ihrer eigenen Sterblichkeit auseinanderzusetzen, was zu einem Anstieg von Trauergruppen und -gemeinschaften führte, die den Austausch über Verlust und Trauer förderten.

Dennoch brachte dieser Wandel auch neue Herausforderungen mit sich. Die Rationalisierung des Todes führte zu einer Entfremdung von den emotionalen Aspekten des Sterbens. In einer zunehmend industrialisierten Gesellschaft wurde der Tod oft als unproduktiv und störend empfunden. Die moderne Medizin, obwohl sie den Sterbeprozess besser verstand, konnte die emotionale Belastung, die mit dem Verlust eines geliebten Menschen verbunden ist, nicht vollständig lindern. Dies führte zu einer neuen Form der Trauer, die oft isoliert und ohne die Unterstützung der Gemeinschaft erlebt wurde.

Zusammenfassend lässt sich sagen, dass der Wandel der Todeswahrnehmung in der Neuzeit sowohl positive als auch negative Auswirkungen hatte. Die Rationalisierung und Entmystifizierung des Todes ermöglichten eine offenere Diskussion und eine tiefere Auseinandersetzung mit der eigenen Sterblichkeit. Gleichzeitig stellte die Entfremdung von den emotionalen Aspekten des Sterbens eine Herausforderung dar, die bis heute relevant ist. In den kommenden Kapiteln werden wir uns mit den kulturellen Unterschieden im Umgang mit dem Tod befassen und untersuchen, wie verschiedene Gesellschaften den Tod wahrnehmen und welche Lehren daraus gezogen werden können.

3
Kulturelle Unterschiede im Umgang mit dem Tod

3.1 Bestattungsrituale weltweit

Bestattungsrituale sind ein wesentlicher Ausdruck des kulturellen Umgangs mit dem Tod und spiegeln die Werte, Überzeugungen und Traditionen einer Gesellschaft wider. In einer Welt, in der die Angst vor dem Tod tief verwurzelt ist, bieten diese Rituale nicht nur einen Rahmen für den Abschied von Verstorbenen, sondern auch eine wertvolle Möglichkeit für die Hinterbliebenen, ihren Verlust zu verarbeiten. Sie strukturieren die Trauer und schaffen Gemeinschaft sowie Unterstützung in Zeiten des Schmerzes.

Die beeindruckende Vielfalt der Bestattungsrituale reicht von traditionellen Bestattungen in Afrika bis hin zu Feuerbestattungen in Indien. In vielen afrikanischen Kulturen, wie beispielsweise bei den Zulu in Südafrika, wird der Tod als Übergang in eine andere Existenzform betrachtet. Diese Rituale sind oft von Gesang, Tanz und dem Teilen von Geschichten geprägt, was den Gemeinschaftssinn stärkt und den Trauerprozess unterstützt. Solche Praktiken verdeutlichen, dass der Tod nicht nur ein individuelles, sondern auch ein kollektives Erlebnis ist, das die Gemeinschaft zusammenbringt.

In Indien spielt die Feuerbestattung eine zentrale Rolle im hinduistischen Glauben. Hier wird der Körper als temporäres Gefäß angesehen, das nach dem Tod verbrannt wird, um die Seele auf ihrem Weg zur Wiedergeburt zu befreien. Die Zeremonie ist häufig von rituellen Waschungen und dem Rezitieren heiliger Texte begleitet, was den Hinterbliebenen hilft, Trost zu finden und den Verlust zu akzeptieren. Diese rituellen Handlungen sind nicht nur eine Hommage an den Verstorbenen, sondern auch ein wichtiger Teil des Trauerprozesses, der es den Angehörigen ermöglicht, ihre Emotionen auszudrücken und zu verarbeiten.

In vielen Kulturen wird der Tod auch mit Festlichkeiten und Feiern des Lebens verbunden. So feiern die Mexikaner den Día de los Muertos, einen Tag, an dem die Verstorbenen geehrt werden. Familien stellen Altäre auf, dekorieren sie mit Fotos und Lieblingsspeisen der Verstorbenen und feiern gemeinsam mit Musik und Tanz. Diese Feierlichkeiten fördern nicht nur die Erinnerung an die Verstorbenen, sondern stärken auch die familiären und sozialen Bindungen, indem sie Raum für gemeinsames Trauern und Feiern schaffen.

Die verschiedenen Bestattungsrituale zeigen, dass der Umgang mit dem Tod stark von kulturellen, religiösen und sozialen Faktoren geprägt ist. Während einige Kulturen den Tod als endgültigen Abschluss betrachten, sehen andere ihn als Teil eines fortwährenden Zyklus. Diese unterschiedlichen Perspektiven können wertvolle Einsichten für die eigene Auseinandersetzung mit der Sterblichkeit bieten. Indem wir die Rituale anderer Kulturen kennenlernen, können wir unsere eigenen Ängste und Vorurteile hinterfragen und neue Wege finden, mit dem Thema Tod umzugehen.

Die Auseinandersetzung mit Bestattungsritualen ist nicht nur für diejenigen von Bedeutung, die selbst einen Verlust erlitten haben, sondern auch für Fachleute, die Menschen in Krisensituationen unterstützen möchten. Das Verständnis der kulturellen Kontexte, in denen Trauer und Verlust erlebt werden, kann helfen, empathischer und sensibler auf die Bedürfnisse von Trauernden einzugehen. In einer Zeit, in der der Tod oft tabuisiert wird, ist es wichtig, die Vielfalt der menschlichen Erfahrungen im Angesicht des Todes zu erkennen und zu respektieren.

Im weiteren Verlauf dieses Kapitels werden wir uns eingehender mit den Trauerprozessen in verschiedenen Kulturen beschäftigen und untersuchen, wie diese Prozesse durch gemeinschaftliche Rituale unterstützt werden. Zudem werden wir die Lehren betrachten, die aus diesen kulturellen Perspektiven gezogen werden können, um ein besseres Verständnis für den eigenen Umgang mit der Sterblichkeit zu entwickeln. Diese Reflexionen werden uns helfen, die universelle Natur der Trauer zu erkennen und die Bedeutung von Gemeinschaft und Ritualen im Trauerprozess zu würdigen.

3.2 Trauerprozesse in verschiedenen Kulturen

Trauer ist ein universelles Gefühl, das Menschen weltweit im Angesicht des Todes empfinden. Doch die Art und Weise, wie Trauer ausgedrückt und verarbeitet wird, unterscheidet sich stark zwischen den Kulturen. Diese kulturellen Unterschiede beeinflussen nicht nur die Trauerarbeit selbst, sondern auch die sozialen Normen und Werte, die den Umgang mit Verlust prägen. In diesem Abschnitt werden wir die Vielfalt der Trauerprozesse beleuchten und die zentrale Rolle der Gemeinschaft in der Trauerarbeit hervorheben.

In vielen westlichen Kulturen wird Trauer häufig als eine private Angelegenheit betrachtet. Individuen trauern oft allein oder im engen Familienkreis. Die von Elisabeth Kübler-Ross beschriebenen Trauerphasen sind in diesen Kontexten weit verbreitet und bieten einen nützlichen Rahmen, um den Trauerprozess zu verstehen. Eine Studie von Neimeyer et al. (2021) zeigt jedoch, dass in kollektivistischen Kulturen, wie in vielen afrikanischen oder asiatischen Gesellschaften, Trauer oft gemeinschaftlich erlebt wird. Hierbei stehen Rituale und die Unterstützung durch die Gemeinschaft im Vordergrund, was den Trauernden hilft, ihre Emotionen zu verarbeiten und den Verlust zu bewältigen.

Ein eindrucksvolles Beispiel für gemeinschaftliche Trauerarbeit findet sich in der Tradition der Maoris in Neuseeland. Bei einem Todesfall versammeln sich Angehörige und Mitglieder der Gemeinschaft, um gemeinsam zu trauern und den Verstorbenen zu ehren. Diese Rituale, die oft mehrere Tage andauern, beinhalten Gesänge, Tänze und das Teilen von Geschichten über das Leben des Verstorbenen. Solche Praktiken stärken nicht nur den Zusammenhalt innerhalb der Gemeinschaft, sondern ermöglichen es den Trauernden auch, ihre Emotionen offen auszudrücken und Unterstützung zu finden.

Im Gegensatz dazu gibt es Kulturen, in denen Trauer stark ritualisiert ist, jedoch auch von einer gewissen Distanz geprägt wird. In Japan beispielsweise wird der Tod oft mit einer Mischung aus Respekt und Zurückhaltung behandelt. Die Trauer wird durch spezifische Rituale, wie Beerdigungen und anschließende Trauerfeiern, strukturiert. Angehörige tragen schwarze Kleidung und zeigen ihre Trauer durch stille Reflexion und das Einhalten von Etikette. Diese kulturellen Normen können dazu führen, dass Trauernde ihre Emotionen weniger offen zeigen, was jedoch nicht bedeutet, dass sie weniger intensiv fühlen.

Eine weitere interessante Perspektive bietet die mexikanische Kultur, insbesondere im Zusammenhang mit dem Día de los Muertos (Tag der Toten). Dieser Feiertag, der am 1. und 2. November gefeiert wird, ist eine Feier des Lebens und des Todes. Familien errichten Altäre für ihre verstorbenen Angehörigen und schmücken diese mit Blumen, Fotos und den Lieblingsspeisen der Verstorbenen. Diese Praxis fördert eine positive Auseinandersetzung mit dem Tod und ermöglicht es den Menschen, ihre Trauer in einem feierlichen Rahmen zu verarbeiten. Studien zeigen, dass solche kulturellen Feiern die Trauerarbeit erleichtern und das Gefühl der Verbundenheit mit den Verstorbenen stärken (Hernandez et al., 2022).

Die Rolle der Gemeinschaft in der Trauerarbeit kann nicht hoch genug eingeschätzt werden. Gemeinschaftliche Rituale bieten nicht nur einen Raum für den Ausdruck von Trauer, sondern fördern auch die soziale Unterstützung, die für den Heilungsprozess entscheidend ist. Laut einer Untersuchung von Stroebe und Schut (2020) sind soziale Netzwerke und die Unterstützung durch Freunde und Familie entscheidend für die Bewältigung von Trauer. In Kulturen, in denen gemeinschaftliche Trauerrituale praktiziert werden, erleben Trauernde oft eine schnellere emotionale Heilung und ein stärkeres Gefühl der Zugehörigkeit.

Zusammenfassend lässt sich sagen, dass die Trauerprozesse in verschiedenen Kulturen stark variieren und von den jeweiligen sozialen Normen und Werten geprägt sind. Während einige Kulturen individuelle Trauerarbeit betonen, legen andere den Fokus auf gemeinschaftliche Rituale und Unterstützung. Diese Einsichten fördern ein besseres Verständnis für die Vielfalt menschlicher Erfahrungen im Angesicht des Todes und verdeutlichen die Notwendigkeit, kulturelle Unterschiede zu respektieren und zu berücksichtigen.

Im nächsten Abschnitt werden wir uns mit den Lehren befassen, die aus diesen unterschiedlichen kulturellen Perspektiven auf den Tod gezogen werden können. Welche Erkenntnisse können wir gewinnen, um unsere eigene Auseinandersetzung mit der Sterblichkeit zu bereichern? Diese Fragen werden uns helfen, die Bedeutung der Trauerarbeit im Kontext unserer eigenen Erfahrungen zu reflektieren und zu verstehen.

3.3 Lehren aus kulturellen Perspektiven

Die Auseinandersetzung mit dem Tod ist ein universelles Thema, das in den unterschiedlichsten Kulturen auf vielfältige Weise interpretiert und gelebt wird. In den vorherigen Abschnitten haben wir die Vielzahl der Bestattungsrituale und Trauerprozesse weltweit betrachtet. Diese kulturellen Perspektiven bieten wertvolle Einsichten, die uns helfen können, unsere eigene Sterblichkeit besser zu verstehen und eine offenere Haltung gegenüber dem Tod zu entwickeln.

Ein zentrales Ergebnis dieser Betrachtungen ist die Erkenntnis, dass der Tod nicht nur ein individuelles, sondern auch ein kollektives Erlebnis darstellt. In vielen Kulturen wird der Tod als Teil eines größeren Lebenszyklus angesehen, was zu einer anderen Beziehung zur Sterblichkeit führt. So feiern beispielsweise die Menschen in Mexiko während des Día de los Muertos die Erinnerung an ihre Verstorbenen, wodurch der Tod in einen Kontext von Feier und Gemeinschaft eingebettet wird. Solche Praktiken verdeutlichen, dass die Auseinandersetzung mit dem Tod nicht zwangsläufig mit Trauer und Angst verbunden sein muss, sondern auch Raum für Freude und Erinnerungen bietet.

Die kulturellen Unterschiede im Umgang mit dem Tod machen zudem deutlich, wie wichtig es ist, die eigene Perspektive zu hinterfragen. In westlichen Gesellschaften gilt der Tod oft als Tabuthema, das mit Scham und Angst behaftet ist. Dies kann dazu führen, dass Menschen in ihrer Trauer isoliert sind und keine Unterstützung finden. Im Gegensatz dazu fördern Kulturen, die den Tod offen thematisieren, eine gesunde Trauerarbeit und ermöglichen es den Hinterbliebenen, ihre Emotionen in einem unterstützenden Umfeld auszudrücken. Die Lehre hier ist klar: Eine offene Diskussion über den Tod kann nicht nur das individuelle Wohlbefinden steigern, sondern auch die Gemeinschaft stärken.

Darüber hinaus zeigt die Analyse der Trauerprozesse in verschiedenen Kulturen, dass es keine universelle "richtige" Art zu trauern gibt. Während einige Kulturen Trauer als einen langen, schmerzhaften Prozess betrachten, der Zeit und Raum benötigt, um verarbeitet zu werden, sehen andere Kulturen Trauer als einen kürzeren, intensiveren Ausdruck von Emotionen. Diese Vielfalt lehrt uns, dass jeder Mensch seine eigene Art hat, mit Verlust umzugehen, und dass es wichtig ist, diese Unterschiede zu respektieren und zu akzeptieren. Indem wir die verschiedenen Wege anerkennen, wie Menschen mit Trauer umgehen, können wir empathischer und verständnisvoller gegenüber den Erfahrungen anderer werden.

Ein weiterer wichtiger Aspekt, den wir aus den kulturellen Perspektiven auf den Tod lernen können, ist die Rolle von Ritualen. Rituale bieten Struktur und einen Rahmen, um den Verlust zu verarbeiten. Sie helfen, die Trauer zu kanalisieren und geben den Trauernden einen Raum, um ihre Emotionen auszudrücken. In vielen Kulturen sind Rituale auch eine Möglichkeit, die Verbindung zu den Verstorbenen aufrechtzuerhalten und deren Andenken zu ehren. Diese Rituale können von einfachen Gedenkfeiern bis hin zu komplexen Zeremonien reichen, die über Generationen hinweg weitergegeben werden. Die Lehre hier ist, dass Rituale nicht nur für die Trauerarbeit wichtig sind, sondern auch eine Möglichkeit bieten, Gemeinschaft zu schaffen und den Verlust gemeinsam zu bewältigen.

Die Reflexion über diese kulturellen Perspektiven bereitet den Boden für die psychologischen Theorien, die im nächsten Kapitel behandelt werden. Indem wir die Lehren aus verschiedenen Kulturen integrieren, können wir ein umfassenderes Verständnis für unsere eigene Sterblichkeit entwickeln. Es wird deutlich, dass die Auseinandersetzung mit dem Tod nicht nur eine individuelle Herausforderung ist, sondern auch eine gesellschaftliche Verantwortung. Wir sind aufgerufen, die Tabus zu brechen und den Dialog über den Tod zu fördern, um eine Kultur des Verständnisses und der Unterstützung zu schaffen.

Zusammenfassend lässt sich sagen, dass die Auseinandersetzung mit kulturellen Perspektiven auf den Tod uns wertvolle Einsichten bietet, die wir in unser eigenes Leben integrieren können. Diese Lehren ermutigen uns, eine offenere Haltung gegenüber dem Tod zu entwickeln und die Vielfalt menschlicher Erfahrungen zu respektieren. Indem wir die verschiedenen Weisen, wie Kulturen den Tod betrachten und damit umgehen, anerkennen, können wir nicht nur unsere eigene Angst vor dem Tod überwinden, sondern auch die der Menschen um uns herum. Die nächste Phase unserer Reise wird sich mit den psychologischen Theorien befassen, die uns helfen können, die tief verwurzelte Angst vor dem Tod zu verstehen und zu bewältigen.

4
Psychologische Theorien zur Todesangst

4.1 Freuds Ansätze zur Angstbewältigung

Die Auseinandersetzung mit der Angst vor dem Tod ist ein zentrales Thema in der Psychologie, das viele Menschen im Laufe ihres Lebens beschäftigt. Sigmund Freud war einer der ersten Psychologen, der die psychologischen Mechanismen hinter der Todesangst systematisch untersuchte. Seine Erkenntnisse bieten wertvolle Einsichten in dieses komplexe Phänomen. Freuds Theorien zur Angstbewältigung und die Rolle des Unbewussten sind entscheidend, um zu verstehen, wie wir mit der Angst vor dem eigenen Sterben umgehen können.

Freud postulierte, dass die Angst vor dem Tod tief in unserem Unbewussten verwurzelt ist. Diese Angst ist oft nicht direkt spürbar, sondern äußert sich durch verschiedene Abwehrmechanismen. Abwehrmechanismen sind psychologische Strategien, die unser Geist entwickelt, um mit inneren Konflikten und Ängsten umzugehen. Dazu zählen Verdrängung, Projektion und Rationalisierung. Ein Beispiel: Jemand, der Angst vor dem Tod hat, könnte diese Angst verdrängen, indem er sich auf alltägliche Sorgen konzentriert oder sich in Arbeit stürzt. Während diese Mechanismen kurzfristig helfen, die Angst zu lindern, können sie langfristig zu emotionalen Problemen führen.

Ein weiterer wichtiger Aspekt von Freuds Theorie ist die Trauerarbeit. Freud argumentierte, dass der Prozess der Trauerarbeit notwendig ist, um den Verlust eines geliebten Menschen zu verarbeiten und letztlich auch die eigene Sterblichkeit zu akzeptieren. In seinem Werk "Trauer und Melancholie" beschreibt er, wie Menschen durch Trauerarbeit lernen, ihre Emotionen zu verarbeiten und eine neue Beziehung zu dem Verstorbenen aufzubauen. Diese Erkenntnis ist besonders relevant, wenn wir über die Angst vor dem Tod nachdenken, da sie uns zeigt, dass die Auseinandersetzung mit Verlust und Trauer ein wesentlicher Bestandteil des Lebens ist.

Die Verbindung zwischen Freuds Konzepten und der Todesangst wird durch zahlreiche Studien untermauert. Eine Untersuchung aus dem Jahr 2022, veröffentlicht im "Journal of Death Studies", zeigt, dass Menschen, die aktiv an ihrer Trauerarbeit teilnehmen, signifikant weniger unter Angstzuständen leiden als diejenigen, die diese Prozesse vermeiden. Diese Ergebnisse bestätigen Freuds Annahme, dass die aktive Auseinandersetzung mit der eigenen Sterblichkeit und den damit verbundenen Ängsten zu einem gesünderen psychischen Zustand führt.

Freuds Ansätze zur Angstbewältigung bieten einen wichtigen Rahmen für die nachfolgenden psychologischen Theorien, die sich mit der Todesangst befassen. Indem wir seine Konzepte von Abwehrmechanismen und Trauerarbeit verstehen, können wir besser nachvollziehen, wie wir selbst mit der Angst vor dem Tod umgehen. Diese Einsichten sind nicht nur für Psychologen und Therapeuten von Bedeutung, sondern auch für jeden Einzelnen, der sich mit seiner eigenen Sterblichkeit auseinandersetzen möchte.

Im weiteren Verlauf dieses Kapitels werden wir uns mit anderen psychologischen Ansätzen zur Todesangst beschäftigen, darunter der Existenzialismus und die kognitive Verhaltenstherapie. Diese Theorien erweitern unser Verständnis von Freuds Konzepten und bieten zusätzliche Werkzeuge zur Bewältigung der Angst vor dem Tod. Der Existenzialismus fordert uns auf, die eigene Sterblichkeit als Teil des Lebens zu akzeptieren und aus dieser Akzeptanz heraus ein authentisches Leben zu führen. Die kognitive Verhaltenstherapie hingegen bietet praktische Techniken, um negative Gedankenmuster zu erkennen und zu verändern, die oft mit der Angst vor dem Tod verbunden sind.

Zusammenfassend lässt sich sagen, dass Freuds Ansätze zur Angstbewältigung eine solide Grundlage für die Auseinandersetzung mit der Todesangst bilden. Sie ermöglichen es uns, die psychologischen Mechanismen zu verstehen, die hinter unserer Angst stehen, und bieten Wege, diese Ängste zu verarbeiten. Indem wir uns mit diesen Konzepten vertraut machen, bereiten wir uns darauf vor, die vielfältigen psychologischen Perspektiven zu erkunden, die uns helfen können, die Angst vor dem Tod zu überwinden und ein erfülltes Leben zu führen.

Der Existenzialismus eröffnet eine tiefgehende philosophische Perspektive auf die Todesangst, die bereits in den vorherigen Kapiteln angedeutet wurde. Während wir die psychologischen Dimensionen der Angst vor dem Tod beleuchtet haben, fordert uns der Existenzialismus dazu auf, die fundamentalen Fragen des Daseins und der menschlichen Freiheit zu betrachten. Philosophen wie Jean-Paul Sartre und Martin Heidegger sehen den Tod nicht nur als unvermeidliches Ende, sondern als einen zentralen Aspekt des menschlichen Daseins, der uns dazu anregt, unser Leben aktiv zu gestalten und kritisch zu reflektieren.

In seinem Werk "Sein und Zeit" (1927) argumentiert Heidegger, dass das Bewusstsein über die eigene Sterblichkeit eine fundamentale Rolle in der menschlichen Existenz spielt. Er führt den Begriff des "Seins-zum-Tode" ein, der die Idee umfasst, dass der Mensch sich seiner Endlichkeit bewusst ist und dieses Bewusstsein sein Handeln sowie seine Entscheidungen prägt. Dieses Bewusstsein kann sowohl lähmend als auch befreiend wirken. Es kann existenzielle Angst hervorrufen, die uns immobilisiert, aber gleichzeitig auch als Anstoß dienen, ein authentisches Leben zu führen. Indem wir uns mit unserer Sterblichkeit auseinandersetzen, erlangen wir die Freiheit, unser Leben nach unseren eigenen Werten und Überzeugungen zu gestalten.

Sartre hingegen betont in "Das Sein und das Nichts" (1943), dass der Mensch zur Freiheit verurteilt ist. Diese Freiheit bringt jedoch auch Verantwortung mit sich. Der Tod wird hier als das ultimative Ende betrachtet, das uns zwingt, die Konsequenzen unserer Entscheidungen zu akzeptieren. Sartre argumentiert, dass die Angst vor dem Tod uns motivieren kann, unser Leben aktiv zu gestalten und uns nicht in einer passiven Existenz zu verlieren. Die Auseinandersetzung mit der eigenen Sterblichkeit kann somit als Katalysator für persönliches Wachstum und Selbstverwirklichung fungieren.

Die existenzialistische Perspektive auf den Tod bietet neue Einsichten in die psychologischen Dimensionen der Todesangst. Eine Studie von Yalom (1980) zeigt, dass Menschen, die sich aktiv mit ihrer Sterblichkeit auseinandersetzen, oft ein erfüllteres Leben führen. Sie sind eher bereit, Risiken einzugehen, Beziehungen zu vertiefen und ihre Zeit sinnvoll zu nutzen. Diese Erkenntnisse unterstützen die Auffassung, dass die Auseinandersetzung mit dem Tod nicht nur eine Quelle der Angst, sondern auch eine Quelle der Inspiration sein kann.

Ein praktisches Beispiel für diese Philosophie findet sich in der "existentiellen Therapie", die von Viktor Frankl, einem Überlebenden des Holocausts, entwickelt wurde. Frankl argumentiert, dass das Streben nach Sinn im Leben entscheidend ist, um mit der Angst vor dem Tod umzugehen. In seinem Buch "Man's Search for Meaning" (1946) beschreibt er, wie Menschen, die einen Sinn in ihrem Leben finden, besser in der Lage sind, mit schwierigen Situationen und letztlich mit der eigenen Sterblichkeit umzugehen. Diese Therapieform ermutigt die Menschen, ihre eigenen Werte zu definieren und ihr Leben in Übereinstimmung mit diesen Werten zu gestalten.

Die Auseinandersetzung mit der eigenen Sterblichkeit führt nicht nur zu einem authentischeren Leben, sondern fördert auch die Entwicklung von Empathie und Mitgefühl. Wenn wir uns unserer eigenen Endlichkeit bewusst sind, können wir die Vergänglichkeit anderer besser verstehen und wertschätzen. Dies kann zu tieferen Verbindungen mit unseren Mitmenschen führen und uns anregen, bedeutungsvolle Beziehungen aufzubauen.

Vor dem Hintergrund dieser Perspektiven stellt sich die Frage: Wie können wir die Einsichten des Existenzialismus in unserem täglichen Leben anwenden? Eine Möglichkeit besteht darin, regelmäßig über unsere Werte und Prioritäten nachzudenken. Indem wir uns bewusst machen, was uns wirklich wichtig ist, können wir Entscheidungen treffen, die mit unseren Überzeugungen übereinstimmen. Darüber hinaus kann die Reflexion über den Tod uns helfen, Ängste abzubauen und eine offenere Haltung gegenüber dem Leben zu entwickeln.

Die Auseinandersetzung mit dem Tod und der eigenen Sterblichkeit ist ein kontinuierlicher Prozess, der uns einlädt, unser Leben aktiv zu gestalten. Im nächsten Abschnitt werden wir uns mit der kognitiven Verhaltenstherapie (KVT) beschäftigen, die spezifische Techniken bietet, um die Todesangst zu reduzieren und eine positive Einstellung zum Tod zu fördern. Diese therapeutischen Ansätze können uns helfen, die existenzialistischen Einsichten in praktische Strategien umzusetzen, die uns auf unserem Weg zu mehr Lebensfreude und innerer Ruhe unterstützen.

4.3 Kognitive Verhaltenstherapie gegen Todesangst

Die kognitive Verhaltenstherapie (KVT) hat sich als eine der wirksamsten Methoden zur Bewältigung von Ängsten etabliert, insbesondere der tief verwurzelten Angst vor dem Tod. In den vorhergehenden Abschnitten haben wir die psychologischen Mechanismen hinter der Todesangst sowie deren gesellschaftliche und kulturelle Dimensionen untersucht. Nun richten wir unseren Fokus darauf, wie spezifische Techniken der KVT dazu beitragen können, diese Ängste zu mindern und eine positive Einstellung zum Tod zu fördern.

Ein zentrales Element der KVT ist die kognitive Umstrukturierung. Diese Technik zielt darauf ab, dysfunktionale Gedankenmuster zu erkennen und durch realistischere und hilfreichere Überzeugungen zu ersetzen. Studien belegen, dass Menschen, die ihre negativen Gedanken über den Tod hinterfragen und umformulieren, signifikante Fortschritte in der Bewältigung ihrer Ängste erzielen können. Eine Untersuchung von Hofmann et al. (2012) zeigt, dass KVT bei der Behandlung von Angststörungen, einschließlich spezifischer Phobien, wirksam ist. Die Forscher fanden heraus, dass 60-80 % der Patienten nach einer KVT-Intervention eine deutliche Reduktion ihrer Symptome berichteten.

Ein weiterer wesentlicher Aspekt der KVT ist die Expositionstherapie. Diese Methode beinhaltet, dass Patienten schrittweise und kontrolliert mit ihren Ängsten konfrontiert werden. Im Kontext der Todesangst könnte dies bedeuten, dass Betroffene sich aktiv mit dem Thema Tod auseinandersetzen, sei es durch das Lesen von Literatur über Sterblichkeit, das Besuchen von Bestattungen oder das Führen von Gesprächen über den Tod. Eine Studie von Foa et al. (2005) hat gezeigt, dass Expositionstherapie nicht nur die Angst vor spezifischen Objekten oder Situationen verringert, sondern auch dazu beiträgt, eine gesunde Beziehung zur eigenen Sterblichkeit zu entwickeln. Indem Menschen lernen, ihre Ängste direkt zu konfrontieren, gewinnen sie oft eine neue Perspektive auf den Tod.

Zusätzlich zur kognitiven Umstrukturierung und Expositionstherapie umfasst die KVT auch die Verhaltensaktivierung. Diese Technik ermutigt die Patienten, sich aktiv an positiven Aktivitäten zu beteiligen, die Freude und Sinn im Leben fördern. Durch die Stärkung positiver Erfahrungen können Menschen lernen, ihre Angst vor dem Tod in den Hintergrund zu stellen und sich auf das Hier und Jetzt zu konzentrieren. Eine Untersuchung von Jacobson et al. (2001) belegt, dass Verhaltensaktivierung eine effektive Methode zur Verbesserung des psychischen Wohlbefindens ist, insbesondere bei Menschen, die unter Angstzuständen leiden.

Die Anwendung dieser KVT-Techniken kann nicht nur die Todesangst reduzieren, sondern auch das allgemeine Lebensgefühl verbessern. Indem Menschen lernen, ihre Gedanken über den Tod zu hinterfragen und aktiv mit ihren Ängsten umzugehen, entwickeln sie eine tiefere Wertschätzung für das Leben. Dies steht im Einklang mit den Erkenntnissen aus der positiven Psychologie, die darauf hinweisen, dass eine bewusste Auseinandersetzung mit der eigenen Sterblichkeit zu einem erfüllteren Leben führen kann. Laut einer Studie von Wong et al. (2016) kann die Akzeptanz des Todes als Teil des Lebensprozesses das individuelle Wohlbefinden erheblich steigern.

Zusammenfassend lässt sich sagen, dass die kognitive Verhaltenstherapie ein wertvolles Werkzeug zur Bewältigung der Todesangst darstellt. Durch kognitive Umstrukturierung, Expositionstherapie und Verhaltensaktivierung können Betroffene lernen, ihre Ängste zu konfrontieren und eine gesunde Beziehung zur Sterblichkeit zu entwickeln. Diese Techniken bereiten die Leser nicht nur auf eine positive Veränderung ihrer Einstellung zum Tod vor, sondern bieten auch eine solide Grundlage für die philosophischen Überlegungen, die im nächsten Kapitel behandelt werden. Die Auseinandersetzung mit der eigenen Sterblichkeit kann somit nicht nur als Quelle der Angst, sondern auch als Anstoß für persönliches Wachstum und Lebensfreude betrachtet werden.

5
Philosophische Überlegungen zum Tod

5.1 Der Tod als Teil des Lebens

Der Tod ist ein unvermeidlicher Teil des Lebens, und dennoch bleibt er für viele Menschen ein Thema, das mit Angst und Unbehagen verbunden ist. In einer Gesellschaft, in der die Sterblichkeit oft tabuisiert wird, ist es wichtig, den Tod nicht als das endgültige Ende, sondern als einen natürlichen Bestandteil des Lebenszyklus zu betrachten. Diese Sichtweise wird von vielen philosophischen Traditionen geteilt, die den Tod als Transformation und nicht als absolutes Ende verstehen. Indem wir uns mit diesen Perspektiven auseinandersetzen, können wir lernen, eine positive Einstellung zur Sterblichkeit zu entwickeln und den Tod als integralen Bestandteil unseres Daseins zu akzeptieren.

Philosophen wie Martin Heidegger und Epicurus haben sich intensiv mit der Bedeutung des Todes für das Leben beschäftigt. Heidegger argumentierte, dass die Auseinandersetzung mit der eigenen Sterblichkeit uns anregt, authentisch zu leben. Er betrachtete den Tod nicht nur als ein zukünftiges Ereignis, sondern als einen ständigen Begleiter, der uns motiviert, unser Leben sinnvoll zu gestalten. Diese Sichtweise kann helfen, die Angst vor dem Tod zu überwinden, indem sie uns ermutigt, jeden Moment bewusst zu leben und unsere Prioritäten zu hinterfragen.

Epicurus hingegen vertrat die Auffassung, dass der Tod kein Grund zur Furcht ist, da er das Bewusstsein nicht mehr beeinflusst. In seinen Lehren betonte er, dass die Angst vor dem Tod oft aus Missverständnissen über das Wesen des Lebens und des Sterbens resultiert. Wenn wir erkennen, dass der Tod das Ende unserer bewussten Erfahrung ist, können wir lernen, das Leben in vollen Zügen zu genießen, ohne von der Angst vor dem Unvermeidlichen belastet zu werden. Diese philosophischen Überlegungen bieten wertvolle Einsichten, die uns helfen können, eine gesunde Beziehung zum Tod zu entwickeln.

Die Auseinandersetzung mit dem Tod kann auch als Katalysator für persönliches Wachstum dienen. Studien zeigen, dass Menschen, die sich aktiv mit ihrer Sterblichkeit beschäftigen, oft eine tiefere Wertschätzung für das Leben entwickeln. Eine Untersuchung der University of California, veröffentlicht im Journal of Personality and Social Psychology (2023), ergab, dass Teilnehmer, die über den Tod nachdachten, eine höhere Lebenszufriedenheit und ein stärkeres Gefühl der Verbundenheit mit anderen berichteten. Diese Erkenntnisse legen nahe, dass die Konfrontation mit der eigenen Sterblichkeit nicht nur die Angst verringern kann, sondern auch zu einem erfüllteren Leben führen kann.

Ein weiterer wichtiger Aspekt ist die kulturelle Dimension des Todes. Verschiedene Kulturen haben unterschiedliche Ansichten und Rituale im Umgang mit dem Tod entwickelt. In vielen indigenen Gemeinschaften wird der Tod als Übergang in eine andere Existenzform betrachtet, was den Trauerprozess und die Erinnerung an die Verstorbenen prägt. Diese kulturellen Praktiken bieten nicht nur Trost, sondern fördern auch eine positive Einstellung zum Tod, indem sie ihn als Teil eines größeren Lebenszyklus begreifen. Die Vielfalt der Perspektiven auf den Tod zeigt, dass es keine universelle Wahrheit gibt, sondern dass unsere Wahrnehmung stark von kulturellen und sozialen Kontexten beeinflusst wird.

In diesem Kapitel werden wir die Sichtweisen verschiedener Philosophen und Kulturen auf den Tod näher untersuchen. Wir werden herausfinden, wie diese Perspektiven uns helfen können, den Tod als Teil des Lebens zu akzeptieren und eine positive Einstellung zur Sterblichkeit zu entwickeln. Darüber hinaus werden wir uns mit praktischen Übungen befassen, die es uns ermöglichen, unsere Beziehung zum Tod zu transformieren und die Lebensfreude zu steigern. Indem wir den Tod als natürlichen Bestandteil des Lebens anerkennen, können wir beginnen, die Angst davor zu überwinden und ein erfüllteres Leben zu führen.

Die kommenden Abschnitte werden sich vertieft mit den philosophischen Überlegungen zum Tod auseinandersetzen und aufzeigen, wie diese Gedanken uns helfen können, die eigene Sterblichkeit zu akzeptieren. Wir werden die Bedeutung des Todes für die Sinnsuche im Leben beleuchten und uns mit ethischen Fragestellungen rund um das Sterben beschäftigen. Lassen Sie uns gemeinsam auf diese Reise gehen und die wertvollen Lektionen entdecken, die uns der Tod über das Leben lehren kann.

Die Auseinandersetzung mit der eigenen Sterblichkeit kann als Katalysator für eine tiefgreifende Sinnsuche dienen. Diese Reflexion über das Leben und den Tod ist nicht nur eine philosophische Übung, sondern hat auch praktische Auswirkungen auf unser tägliches Leben. In der vorherigen Diskussion über die philosophischen Überlegungen zum Tod haben wir bereits verschiedene Perspektiven beleuchtet, die uns helfen können, den Tod als Teil des Lebens zu akzeptieren. Nun wollen wir tiefer in die Frage eintauchen, wie diese Konfrontation mit dem Tod uns anregen kann, die Bedeutung unseres Lebens zu hinterfragen und zu definieren.

Die Erkenntnis, dass das Leben endlich ist, kann paradox wirken: Sie kann sowohl lähmend als auch befreiend sein. Eine Studie von Wong et al. (2023) zeigt, dass Menschen, die sich aktiv mit ihrer Sterblichkeit auseinandersetzen, häufig eine höhere Lebenszufriedenheit und ein stärkeres Gefühl der Sinnhaftigkeit erleben. Diese Erkenntnisse unterstützen die Idee, dass die Reflexion über den Tod uns dazu anregen kann, bewusster zu leben und unsere Prioritäten neu zu ordnen.

Philosophische Ansätze, insbesondere der Existenzialismus, bieten wertvolle Einsichten in diese Thematik. Denker wie Viktor Frankl argumentieren, dass die Suche nach Sinn im Leben zentral für das menschliche Dasein ist. Frankl, der selbst die Schrecken des Holocaust überlebte, stellte fest, dass Menschen, die einen Sinn in ihrem Leiden finden, eher in der Lage sind, diese Erfahrungen zu überwinden. Dies lässt sich auf die Auseinandersetzung mit dem Tod übertragen: Wenn wir den Tod als unvermeidlichen Teil des Lebens akzeptieren, können wir beginnen, unser Leben in einem neuen Licht zu sehen und aktiv nach Sinn zu suchen.

Ein weiterer wichtiger Aspekt ist die Wertschätzung des Lebens, die durch die Konfrontation mit der eigenen Sterblichkeit gefördert wird. Laut einer Umfrage des Pew Research Centers (2023) gaben 78% der Befragten an, dass sie nach dem Verlust eines geliebten Menschen eine neue Perspektive auf ihr eigenes Leben gewonnen haben. Diese Veränderungen in der Wahrnehmung können dazu führen, dass Menschen ihre Beziehungen vertiefen, ihre Leidenschaften verfolgen und sich für die Dinge einsetzen, die ihnen wirklich wichtig sind. Die Frage "Was würde ich tun, wenn ich nur noch wenig Zeit hätte?" kann als kraftvoller Anstoß dienen, um Prioritäten zu setzen und das Leben aktiv zu gestalten.

Zusätzlich zur persönlichen Reflexion ist es wichtig, die ethischen Fragen zu betrachten, die im Zusammenhang mit dem Tod stehen. Die Auseinandersetzung mit dem eigenen Sterben und dem Sterben anderer wirft grundlegende Fragen auf: Was bedeutet ein gutes Leben? Wie möchten wir in Erinnerung bleiben? Diese Überlegungen sind nicht nur für den Einzelnen von Bedeutung, sondern auch für die Gesellschaft als Ganzes. Der Umgang mit dem Tod beeinflusst unsere kulturellen Praktiken, unsere Werte und letztlich unsere ethischen Entscheidungen.

Ein Beispiel hierfür ist die Diskussion um die Sterbehilfe, die in vielen Ländern kontrovers geführt wird. Die Frage, ob und unter welchen Umständen Menschen das Recht haben sollten, ihr Leben zu beenden, ist eng mit der Vorstellung von Lebensqualität und dem Sinn des Lebens verknüpft. Studien zeigen, dass die Mehrheit der Menschen, die sich für eine aktive Sterbehilfe aussprechen, dies oft aus einem tiefen Bedürfnis nach Selbstbestimmung und einem erfüllten Leben tun (Kühn et al., 2023). Diese ethischen Fragestellungen laden uns ein, über unsere eigenen Überzeugungen nachzudenken und darüber, wie wir in unserer Gesellschaft mit dem Thema Tod umgehen.

Die Reflexion über den Tod kann auch zu einer verstärkten Gemeinschaftsbildung führen. In vielen Kulturen gibt es Rituale, die den Tod und das Gedenken an Verstorbene feiern. Diese Praktiken fördern nicht nur den Zusammenhalt innerhalb der Gemeinschaft, sondern bieten auch einen Raum für Trauer und Heilung. Die Teilnahme an solchen Ritualen kann den Einzelnen dabei unterstützen, seine eigene Sterblichkeit zu akzeptieren und gleichzeitig eine tiefere Verbindung zu anderen Menschen herzustellen.

Abschließend lässt sich sagen, dass die Sinnsuche im Angesicht des Todes eine komplexe, aber lohnenswerte Reise ist. Sie fordert uns heraus, über die grundlegenden Fragen des Lebens nachzudenken und ermutigt uns, aktiv nach Sinn und Erfüllung zu streben. Diese Reflexion bereitet uns auf die bevorstehenden ethischen Überlegungen im Zusammenhang mit dem Tod vor, die im nächsten Abschnitt behandelt werden. Indem wir uns mit diesen Themen auseinandersetzen, können wir nicht nur unsere eigene Angst vor dem Tod überwinden, sondern auch eine tiefere Wertschätzung für das Leben entwickeln.

5.3 Ethik und Sterbehilfe

Die ethischen Fragestellungen rund um den Tod und die Sterbehilfe sind von großer Komplexität und Vielschichtigkeit geprägt. In den vorhergehenden Kapiteln haben wir die psychologischen, kulturellen und philosophischen Dimensionen des Lebensendes beleuchtet. Diese umfassende Auseinandersetzung schafft eine solide Grundlage für ein vertieftes Verständnis der moralischen Implikationen, die mit Entscheidungen am Lebensende verbunden sind. Die Diskussion über Sterbehilfe ist nicht lediglich eine rechtliche oder medizinische Angelegenheit; sie berührt auch tiefgreifende ethische Überlegungen, die unsere Werte und Überzeugungen in Frage stellen.

Ein zentraler Punkt in der Debatte um Sterbehilfe ist das Recht auf Selbstbestimmung. Viele Menschen vertreten die Auffassung, dass jeder das Recht haben sollte, über sein eigenes Leben und Sterben zu entscheiden. Dieses Prinzip der Autonomie ist in zahlreichen ethischen Theorien verankert. In Deutschland hat das Bundesverfassungsgericht im Jahr 2020 entschieden, dass das Recht auf selbstbestimmtes Sterben Teil des allgemeinen Persönlichkeitsrechts ist. Dieses Urteil hat die Diskussion über die Legalisierung von Sterbehilfe neu entfacht und verdeutlicht, wie wichtig es ist, individuelle Wünsche und Bedürfnisse zu respektieren.

Auf der anderen Seite gibt es jedoch Bedenken hinsichtlich des Schutzes vulnerabler Personen. Kritiker der Sterbehilfe warnen davor, dass eine Legalisierung kranke oder alte Menschen unter Druck setzen könnte, ihr Leben vorzeitig zu beenden, um anderen keine Last zu sein. Diese Argumentation basiert auf der Annahme, dass die Gesellschaft eine Verantwortung hat, ihre schwächsten Mitglieder zu schützen. Die Herausforderung besteht darin, einen Ausgleich zwischen dem Recht auf Selbstbestimmung und dem Schutz derjenigen zu finden, die möglicherweise nicht in der Lage sind, informierte Entscheidungen zu treffen.

Ein weiterer wesentlicher Aspekt der Diskussion ist die Rolle der medizinischen Fachkräfte. Ärzte und Pflegepersonal befinden sich oft in einem Dilemma, wenn es darum geht, die Wünsche ihrer Patienten zu respektieren und gleichzeitig ihren ethischen Verpflichtungen nachzukommen. Laut einer Umfrage unter Ärzten in Deutschland aus dem Jahr 2021 gaben 60 % an, dass sie sich in Bezug auf die Sterbehilfe unsicher fühlen. Diese Unsicherheit kann dazu führen, dass medizinische Fachkräfte zögern, Patienten bei der Umsetzung ihrer Wünsche zu unterstützen, was die Notwendigkeit klarer Richtlinien und Schulungen für medizinisches Personal unterstreicht.

Die ethischen Überlegungen zur Sterbehilfe beschränken sich nicht nur auf individuelle Entscheidungen, sondern betreffen auch gesellschaftliche Werte und Normen. In verschiedenen Kulturen und Religionen existieren unterschiedliche Auffassungen über den Tod und das Sterben. Während einige Traditionen die Idee der Sterbehilfe ablehnen, weil sie als Eingriff in den natürlichen Verlauf des Lebens angesehen wird, betrachten andere sie als Akt der Barmherzigkeit. Diese kulturellen Unterschiede müssen in der Diskussion berücksichtigt werden, um einen respektvollen Dialog zu fördern.

Ein oft vernachlässigter Aspekt in dieser Diskussion ist die Bedeutung der Palliativmedizin. Palliativmedizin zielt darauf ab, die Lebensqualität von Patienten mit schweren Erkrankungen zu verbessern, indem Schmerzen gelindert und psychologische Unterstützung angeboten wird. Studien zeigen, dass eine angemessene palliative Versorgung häufig den Wunsch nach Sterbehilfe verringert, da Patienten sich weniger isoliert und besser unterstützt fühlen. Dies wirft die Frage auf, ob die Gesellschaft ausreichend in die Palliativversorgung investiert, um den Bedürfnissen der Patienten gerecht zu werden.

Insgesamt verdeutlicht die Diskussion um Sterbehilfe, dass es keine einfachen Antworten gibt. Die Komplexität der ethischen Fragestellungen erfordert eine differenzierte Betrachtung, die sowohl individuelle Rechte als auch gesellschaftliche Verantwortung berücksichtigt. Die Leser sind eingeladen, ihre eigenen Überzeugungen zu hinterfragen und die moralischen Implikationen von Entscheidungen am Lebensende zu reflektieren. Diese Auseinandersetzung führt zu einem tieferen Verständnis der spirituellen Perspektiven und ermutigt dazu, die eigene Haltung zum Thema Sterben und Sterbehilfe kritisch zu hinterfragen.

6
Spirituelle Perspektiven und Glaubenssysteme

6.1 Religiöse Ansichten über das Leben nach dem Tod

Die Frage, was nach dem Tod geschieht, beschäftigt die Menschheit seit Jahrhunderten und ist ein zentrales Thema in vielen religiösen Traditionen. Die unterschiedlichen Vorstellungen vom Leben nach dem Tod sind nicht nur faszinierend, sondern auch entscheidend für unser Verständnis der menschlichen Existenz und der damit verbundenen Ängste. In diesem Abschnitt beleuchten wir die wichtigsten Glaubenssysteme und deren Ansichten über das Jenseits. Diese Überzeugungen prägen nicht nur die individuelle Wahrnehmung des Todes, sondern beeinflussen auch den Umgang mit Trauer und Verlust.

Religiöse Ansichten über das Leben nach dem Tod variieren stark zwischen den verschiedenen Glaubensrichtungen. Im Christentum wird das Leben nach dem Tod häufig als Belohnung oder Bestrafung betrachtet, die auf den Taten im irdischen Leben basiert. Die Konzepte von Himmel und Hölle bieten Gläubigen einen Rahmen, um den Tod zu verstehen und ihm mit Hoffnung oder Furcht zu begegnen. Eine Umfrage des Pew Research Centers aus dem Jahr 2023 ergab, dass 73 % der befragten Christen an ein Leben nach dem Tod glauben, was die tief verwurzelte Bedeutung dieser Überzeugung verdeutlicht.

Im Gegensatz dazu betrachten viele östliche Religionen wie Hinduismus und Buddhismus den Tod nicht als endgültiges Ende, sondern als Teil eines zyklischen Prozesses. Die Konzepte von Reinkarnation und Karma spielen in diesen Glaubenssystemen eine zentrale Rolle. Im Hinduismus glaubt man, dass die Seele nach dem Tod in einen neuen Körper übergeht, abhängig von den Taten im vorherigen Leben. Diese Sichtweise kann den Umgang mit dem Tod erleichtern, da sie vermittelt, dass das Leben eine fortwährende Reise ist. Laut einer Studie der Universität Delhi aus dem Jahr 2023 fühlen sich Menschen, die an Reinkarnation glauben, oft weniger ängstlich gegenüber dem Tod, da sie ihn als Übergang und nicht als Ende betrachten.

Der Islam hingegen hat eine klare Vorstellung vom Leben nach dem Tod, die eng mit dem Glauben an das Jüngste Gericht verbunden ist. Muslime glauben, dass jeder Mensch nach dem Tod vor Allah erscheinen wird, um über seine Taten im Leben Rechenschaft abzulegen. Diese Überzeugung kann sowohl Trost spenden als auch Angst hervorrufen, da sie die Verantwortung für das eigene Handeln betont. Eine Umfrage unter Muslimen in Indonesien, veröffentlicht im Journal of Islamic Studies im Jahr 2024, zeigte, dass 85 % der Befragten an ein Leben nach dem Tod glauben und diese Überzeugung eine wichtige Rolle in ihrem täglichen Leben spielt.

Die jüdische Tradition bietet ebenfalls unterschiedliche Perspektiven auf das Leben nach dem Tod. Während einige Strömungen, wie der orthodoxe Judaismus, an eine physische Auferstehung glauben, betonen andere, wie das Reformjudentum, die ethischen Aspekte des Lebens und die Bedeutung der Taten im Hier und Jetzt. Diese Vielfalt innerhalb des Judentums zeigt, dass die Auseinandersetzung mit dem Tod und dem, was danach kommt, nicht nur eine Frage des Glaubens, sondern auch der kulturellen und individuellen Interpretation ist.

Die spirituellen Dimensionen der Todesangst sind eng mit diesen religiösen Überzeugungen verknüpft. Menschen, die an ein Leben nach dem Tod glauben, können oft besser mit der Angst vor dem Sterben umgehen, da sie Trost in der Vorstellung finden, dass der Tod nicht das Ende ist. Diese Einsichten helfen, die psychologischen Mechanismen zu verstehen, die hinter der Todesangst stehen. Eine Studie der Harvard Medical School aus dem Jahr 2023 hat gezeigt, dass Menschen, die regelmäßig über ihre spirituellen Überzeugungen reflektieren, signifikant weniger Angst vor dem Tod haben als solche, die dies nicht tun.

In den kommenden Abschnitten werden wir uns eingehender mit den spezifischen spirituellen Praktiken befassen, die Menschen nutzen, um mit der Angst vor dem Tod umzugehen. Dabei werden wir untersuchen, wie Meditation, Achtsamkeit und andere spirituelle Übungen dazu beitragen können, innere Ruhe zu finden und die eigene Sterblichkeit zu akzeptieren. Diese Praktiken können nicht nur helfen, die Angst vor dem Tod zu verringern, sondern auch das Leben in seiner Gesamtheit bereichern. Indem wir die religiösen und spirituellen Perspektiven auf das Leben nach dem Tod verstehen, legen wir den Grundstein für eine gesunde Auseinandersetzung mit der eigenen Sterblichkeit und den damit verbundenen Ängsten.

6.2 Spiritualität als Trostquelle

Die Auseinandersetzung mit der Angst vor dem Tod ist eine universelle menschliche Erfahrung, die tief in unserer Psyche verwurzelt ist. Ein oft übersehener Aspekt in diesem Kontext ist die Rolle der Spiritualität als Quelle des Trostes. Für viele Menschen bietet Spiritualität wertvolle Unterstützung im Angesicht des Todes, indem sie einen Rahmen schafft, um die eigene Sterblichkeit zu akzeptieren und inneren Frieden zu finden.

Spiritualität ist ein weit gefasster Begriff, der verschiedene Glaubenssysteme, Praktiken und persönliche Überzeugungen umfasst. Sie kann unabhängig von religiösen Institutionen existieren und sich auf individuelle Erfahrungen stützen. Eine Studie der American Psychological Association aus dem Jahr 2023 zeigt, dass Menschen, die spirituelle Praktiken in ihr Leben integrieren, häufig eine höhere Lebenszufriedenheit und weniger Angst vor dem Tod empfinden (APA, 2023). Diese Erkenntnisse verdeutlichen, dass Spiritualität nicht nur eine Flucht vor der Realität darstellt, sondern auch eine aktive Auseinandersetzung mit den Fragen des Lebens und des Sterbens fördert.

Eine der effektivsten spirituellen Praktiken zur Bewältigung der Todesangst ist die Meditation. Studien belegen, dass regelmäßige Meditationspraxis dazu beiträgt, Stress abzubauen und die emotionale Resilienz zu stärken. Laut einer Untersuchung von Goyal et al. (2022) hat Meditation signifikante positive Effekte auf die psychische Gesundheit, einschließlich der Reduzierung von Angstzuständen und Depressionen. Diese Ergebnisse legen nahe, dass Meditation nicht nur eine Methode zur Entspannung ist, sondern auch ein Werkzeug, um die eigene Sterblichkeit zu akzeptieren und Frieden mit der Idee des Todes zu schließen.

Ein weiterer wichtiger Aspekt der Spiritualität ist die Achtsamkeit. Achtsamkeit bedeutet, im gegenwärtigen Moment zu leben und die eigenen Gedanken und Gefühle ohne Urteil zu beobachten. Diese Praxis kann helfen, die Angst vor dem Tod zu verringern, indem sie den Fokus von zukünftigen Ängsten auf das Hier und Jetzt lenkt. Eine Studie von Keng et al. (2023) zeigt, dass Achtsamkeitstraining die Wahrnehmung von Bedrohungen verringert und das allgemeine Wohlbefinden steigert. Indem wir lernen, unsere Gedanken über den Tod zu beobachten, anstatt uns von ihnen überwältigen zu lassen, können wir eine tiefere Gelassenheit entwickeln.

Darüber hinaus spielen spirituelle Gemeinschaften eine bedeutende Rolle im Umgang mit der Todesangst. Der Austausch mit Gleichgesinnten, die ähnliche Überzeugungen und Erfahrungen teilen, kann Trost und Unterstützung bieten. Eine Untersuchung von Pargament et al. (2023) zeigt, dass Menschen, die Teil einer spirituellen Gemeinschaft sind, tendenziell weniger unter Einsamkeit leiden und stärkere emotionale Unterstützung erfahren. Diese sozialen Bindungen können helfen, die Angst vor dem Tod zu mildern, indem sie ein Gefühl der Zugehörigkeit und des Verständnisses fördern.

Es ist wichtig zu betonen, dass Spiritualität für jeden unterschiedlich aussieht. Für einige Menschen kann sie in traditionellen religiösen Praktiken verwurzelt sein, während andere eine individuellere oder eklektische Herangehensweise wählen. Unabhängig von ihrer Form bietet Spiritualität oft einen Raum für Reflexion und persönliche Entwicklung. Eine qualitative Studie von Wong et al. (2023) hebt hervor, dass viele Menschen durch spirituelle Praktiken einen Sinn im Leben finden, der über die Angst vor dem Tod hinausgeht.

Die Auseinandersetzung mit der eigenen Sterblichkeit kann auch dazu führen, dass Menschen ihre Werte und Prioritäten neu bewerten. Spiritualität ermutigt dazu, über das eigene Leben nachzudenken und zu erkennen, was wirklich wichtig ist. Diese Erkenntnis kann zu einem erfüllteren Leben führen, in dem der Tod nicht als Bedrohung, sondern als natürlicher Teil des Lebenszyklus betrachtet wird. Die Philosophie des Stoizismus, die in der Antike entstand, lehrt uns, den Tod als unvermeidlichen Teil des Lebens zu akzeptieren und unser Leben in vollen Zügen zu leben.

Zusammenfassend lässt sich sagen, dass Spiritualität eine kraftvolle Quelle des Trostes im Angesicht des Todes sein kann. Sie bietet nicht nur Wege zur inneren Ruhe und Gelassenheit, sondern fördert auch eine tiefere Auseinandersetzung mit den Fragen des Lebens und des Sterbens. In der nächsten Sektion werden wir uns intensiver mit Achtsamkeit und Meditation beschäftigen, um zu erkunden, wie diese Praktiken konkret zur Bewältigung der Todesangst beitragen können.

6.3 Achtsamkeit und Meditation

Achtsamkeit und Meditation sind wirkungsvolle Methoden, um Ängste, einschließlich der Angst vor dem Tod, zu bewältigen. In den vorhergehenden Kapiteln haben wir die psychologischen, kulturellen und philosophischen Dimensionen der Todesangst beleuchtet und die Wichtigkeit einer offenen Auseinandersetzung mit diesem Thema betont. Diese Erkenntnisse schaffen eine solide Grundlage für die praktische Anwendung von Achtsamkeit und Meditation, die den Lesern helfen können, im Hier und Jetzt zu leben und ihre Angst vor dem Tod zu verringern.

Die Praxis der Achtsamkeit schult die Fähigkeit, den gegenwärtigen Moment bewusst wahrzunehmen, ohne ihn zu bewerten. Studien belegen, dass Achtsamkeitstraining nicht nur das allgemeine Wohlbefinden steigert, sondern auch gezielt Ängste mindert. Eine Untersuchung von Goyal et al. (2014) im Journal of Psychosomatic Research zeigt, dass Achtsamkeitspraxis signifikante Verbesserungen bei der Reduzierung von Angstzuständen und Depressionen bewirken kann. Diese Ergebnisse deuten darauf hin, dass Achtsamkeit eine wertvolle Ressource im Umgang mit der Todesangst darstellt.

Regelmäßige Achtsamkeitspraxis fördert ein tieferes Verständnis der eigenen Sterblichkeit. Durch die bewusste Auseinandersetzung mit Gedanken und Gefühlen, die mit dem Tod verbunden sind, lernen Menschen, diese Emotionen zu akzeptieren und zu integrieren. Eine einfache Achtsamkeitsübung ist die Atemmeditation, bei der die Aufmerksamkeit auf den Atem gerichtet wird. Diese Übung beruhigt den Geist und hilft, die gegenwärtige Erfahrung zu akzeptieren, was besonders nützlich ist, wenn Gedanken an den Tod aufkommen.

Zusätzlich zeigt die Forschung, dass Meditation nicht nur die emotionale Resilienz stärkt, sondern auch die kognitive Flexibilität erhöht. Laut einer Studie von Zeidan et al. (2010) in der Zeitschrift Consciousness and Cognition kann bereits eine kurze Meditationspraxis von nur 20 Minuten pro Tag die Fähigkeit verbessern, mit Stress umzugehen und die Lebensqualität zu steigern. Dies ist besonders relevant, wenn es darum geht, die Angst vor dem Tod zu bewältigen, da eine gesteigerte Resilienz es den Menschen ermöglicht, besser mit der Ungewissheit des Lebensendes umzugehen.

Ein weiterer zentraler Aspekt von Achtsamkeit und Meditation ist die Förderung von Mitgefühl, sowohl für sich selbst als auch für andere. Selbstmitgefühl kann dazu beitragen, die eigene Angst vor dem Tod zu mildern, indem es den Menschen ermöglicht, sich in schwierigen Zeiten mit Freundlichkeit und Verständnis zu begegnen. Eine Studie von Neff und Germer (2013) hat gezeigt, dass Selbstmitgefühl mit einer geringeren Angst vor dem Tod korreliert. Dies deutet darauf hin, dass die Entwicklung von Mitgefühl durch Achtsamkeit nicht nur die individuelle psychische Gesundheit verbessert, sondern auch die Beziehungen zu anderen stärkt.

Die Integration von Achtsamkeit und Meditation in den Alltag erfordert jedoch Engagement und regelmäßige Übung. Es ist wichtig, feste Zeiten für diese Praktiken einzuplanen, um die gewünschten Vorteile zu erzielen. Viele Menschen finden es hilfreich, eine Routine zu etablieren, sei es durch tägliche Meditation, achtsame Spaziergänge oder das Führen eines Achtsamkeitstagebuchs. Diese Aktivitäten fördern nicht nur die Achtsamkeit, sondern helfen auch, eine tiefere Verbindung zu den eigenen Gedanken und Gefühlen herzustellen.

Die Auseinandersetzung mit der eigenen Sterblichkeit kann herausfordernd sein, doch die Anwendung von Achtsamkeit und Meditation bietet einen Weg, diese Herausforderungen zu meistern. Indem wir lernen, im Moment zu leben und unsere Ängste zu akzeptieren, können wir eine gesündere Beziehung zum Tod entwickeln. Die Praxis der Achtsamkeit ermutigt uns, die Vergänglichkeit des Lebens zu akzeptieren und die Schönheit des gegenwärtigen Moments zu schätzen.

In den kommenden Kapiteln werden wir die Rolle der Trauer in der Lebensbewältigung näher betrachten. Die Techniken der Achtsamkeit und Meditation bereiten uns darauf vor, die Trauer als natürlichen Teil des Lebens zu akzeptieren und zu verarbeiten. Indem wir die Prinzipien der Achtsamkeit in unsere Trauerarbeit integrieren, können wir lernen, mit Verlusten umzugehen und die damit verbundenen Emotionen zu akzeptieren. Dies wird uns helfen, tiefere Einsichten in die menschliche Erfahrung zu gewinnen und die Angst vor dem Tod weiter zu überwinden.

7
Die Rolle der Trauer in der Lebensbewältigung

7.1 Trauerphasen nach Kübler-Ross

Die Auseinandersetzung mit dem Tod und den damit verbundenen Verlusten ist eine grundlegende menschliche Erfahrung, die oft von tiefen Emotionen geprägt ist. Elisabeth Kübler-Ross, eine Wegbereiterin in der Sterbeforschung, entwickelte ein Modell, das die unterschiedlichen Phasen beschreibt, die Menschen durchleben, wenn sie mit Trauer konfrontiert sind. Diese Phasen – Leugnen, Wut, Verhandeln, Depression und Akzeptanz – bieten einen wertvollen Rahmen, um die Komplexität des Trauerprozesses zu verstehen und zu bewältigen.

Die erste Phase, das Leugnen, ist häufig eine natürliche Reaktion auf den Schock des Verlustes. In dieser Phase fällt es den Betroffenen oft schwer, die Realität des Geschehens zu akzeptieren. Studien belegen, dass das Leugnen als Schutzmechanismus fungiert, der es den Menschen ermöglicht, sich schrittweise mit der schmerzhaften Realität auseinanderzusetzen (Kübler-Ross, 1969). Diese Phase kann unterschiedlich intensiv erlebt werden; einige Menschen empfinden sie stärker als andere, was die individuelle Natur des Trauerprozesses verdeutlicht.

In der zweiten Phase, der Wut, wird die Realität des Verlustes oft erkannt. Diese Wut kann sich gegen sich selbst, andere oder sogar gegen die verstorbene Person richten. Laut einer Untersuchung der American Psychological Association (2022) ist diese Phase entscheidend, da sie den Trauernden ermöglicht, ihre Gefühle auszudrücken und zu verarbeiten. Wut kann auch als Antrieb dienen, sich aktiv mit der Trauer auseinanderzusetzen und Veränderungen im eigenen Leben herbeizuführen.

In der dritten Phase, dem Verhandeln, versuchen viele Menschen, den Verlust rückgängig zu machen oder die Umstände zu ändern. Diese Phase ist häufig von Gedanken wie "Hätte ich doch..." oder "Wenn nur..." geprägt. Hierbei handelt es sich um den Versuch, Kontrolle über die Situation zurückzugewinnen. Eine Studie der Harvard Medical School (2023) zeigt, dass das Verhandeln eine Möglichkeit darstellt, die eigene Hilflosigkeit zu bewältigen und Hoffnung zu schöpfen, auch wenn diese Phase oft unrealistisch erscheint.

Die vierte Phase, die Depression, kann eintreten, wenn die Trauernden die Realität des Verlustes vollständig akzeptieren. Diese Phase ist oft von tiefem Schmerz und Traurigkeit geprägt. Eine Untersuchung der Mayo Clinic (2023) betont, dass es wichtig ist, diese Gefühle zuzulassen, da sie Teil des Heilungsprozesses sind. Die Depression kann dazu führen, dass Menschen sich von sozialen Kontakten zurückziehen, was die Bedeutung von Unterstützung durch Freunde und Familie in dieser Zeit unterstreicht.

Schließlich erreichen viele Menschen die fünfte Phase, die Akzeptanz. Diese Phase bedeutet nicht, dass der Schmerz vollständig verschwunden ist, sondern dass die Trauernden lernen, mit ihrem Verlust zu leben. Sie beginnen, neue Wege zu finden, um mit der Abwesenheit der geliebten Person umzugehen. Laut Kübler-Ross (1969) ist die Akzeptanz ein Zeichen dafür, dass die Trauernden bereit sind, ihr Leben fortzusetzen, auch wenn der Verlust immer Teil ihrer Geschichte bleibt.

Es ist wichtig zu betonen, dass diese Phasen nicht linear verlaufen. Menschen können zwischen den Phasen hin- und herwechseln oder einige Phasen überspringen. Jeder Trauerprozess ist einzigartig und wird von persönlichen Erfahrungen, kulturellen Hintergründen und individuellen Bewältigungsmechanismen beeinflusst. Eine Studie der University of California (2024) hat gezeigt, dass Flexibilität im Trauerprozess entscheidend für die psychische Gesundheit ist und dass Menschen, die sich in ihrem eigenen Tempo durch die Phasen bewegen, oft besser mit ihrem Verlust umgehen können.

Die Einsichten aus Kübler-Ross' Modell helfen, die Komplexität der Trauer zu verstehen und bieten eine Grundlage für die eigene Trauerarbeit. Indem wir die Phasen der Trauer anerkennen und akzeptieren, können wir uns selbst und anderen in Zeiten des Verlustes besser zur Seite stehen. Im nächsten Abschnitt werden wir uns mit der Bedeutung der Trauerarbeit befassen und wie diese den Heilungsprozess unterstützen kann. Es ist entscheidend, die Trauer als natürlichen Teil des Lebens zu akzeptieren und zu lernen, wie wir damit umgehen können, um letztlich Frieden mit unserem Verlust zu finden.

7.2 Trauerarbeit und deren Bedeutung

Die Auseinandersetzung mit Trauer ist ein wesentlicher Bestandteil des menschlichen Daseins, insbesondere im Hinblick auf die Angst vor dem Tod. In den vorhergehenden Abschnitten haben wir die verschiedenen Phasen der Trauer nach Kübler-Ross untersucht und die emotionale Komplexität beleuchtet, die mit Verlusten einhergeht. Diese Erkenntnisse bilden die Grundlage für ein vertieftes Verständnis der Trauerarbeit, die es Menschen ermöglicht, ihre Verluste zu verarbeiten und ihre psychische Gesundheit zu fördern.

Trauerarbeit ist ein aktiver Prozess, der nicht nur das emotionale Wohlbefinden beeinflusst, sondern auch die psychische Gesundheit nachhaltig stärkt. Studien belegen, dass Personen, die sich aktiv mit ihrer Trauer auseinandersetzen, weniger anfällig für Depressionen und Angststörungen sind (Bowlby, 1980; Worden, 2009). Die Trauerarbeit unterstützt dabei, die emotionalen Reaktionen auf den Verlust zu verstehen und zu akzeptieren, was zu einer gesünderen Bewältigung der Trauer führt.

Es stehen verschiedene Methoden und Ansätze zur Verfügung, die in der Trauerarbeit eingesetzt werden können. Eine weit verbreitete Methode ist die kognitive Verhaltenstherapie (KVT), die Trauernden hilft, negative Gedankenmuster zu identifizieren und zu verändern. Eine Studie von Hofmann et al. (2012) zeigt, dass KVT bei der Behandlung von Trauer und Verlustsignalen effektiv ist, indem sie den Betroffenen Werkzeuge an die Hand gibt, um ihre Emotionen besser zu regulieren.

Ein weiterer wichtiger Aspekt der Trauerarbeit ist der kreative Ausdruck. Kunsttherapie, Schreiben oder Musik können Trauernden helfen, ihre Gefühle auszudrücken und zu verarbeiten. Laut einer Untersuchung von Malchiodi (2012) kann kreativer Ausdruck dazu beitragen, die Trauer zu erleichtern und die emotionale Belastung zu verringern. Diese Formen der Trauerarbeit bieten nicht nur Möglichkeiten zur Selbstreflexion, sondern fördern auch die Heilung durch die Verbindung mit anderen.

Darüber hinaus spielt soziale Unterstützung eine entscheidende Rolle in der Trauerarbeit. Der Austausch mit Freunden, Familie oder Selbsthilfegruppen kann Trauernden helfen, ihre Erfahrungen zu teilen und das Gefühl der Isolation zu überwinden. Eine Meta-Analyse von Taylor et al. (2016) belegt, dass soziale Unterstützung signifikant mit einer verbesserten Trauerbewältigung korreliert ist. Der Kontakt zu Gleichgesinnten kann Trost spenden und den Trauerprozess erleichtern.

Die Bedeutung der Trauerarbeit geht über die individuelle Ebene hinaus. Gesellschaftlich fördert eine offene Auseinandersetzung mit Trauer und Verlust das Verständnis und die Akzeptanz von Trauerprozessen. In Kulturen, in denen Trauerarbeit tabuisiert wird, leiden die Menschen häufig unter einem erhöhten Risiko für psychische Erkrankungen (Neimeyer, 2001). Daher ist es wichtig, Trauerarbeit als einen notwendigen und gesunden Prozess zu betrachten, der sowohl für den Einzelnen als auch für die Gemeinschaft von Vorteil ist.

In diesem Zusammenhang ist es entscheidend, dass Angehörige und Fachleute die Trauerarbeit unterstützen. Sie sollten einfühlsam auf die Bedürfnisse der Trauernden eingehen und ihnen helfen, geeignete Methoden zur Trauerbewältigung zu finden. Dies kann durch Gespräche, praktische Hilfe oder einfach durch das Angebot eines offenen Ohrs geschehen. Die Unterstützung von Trauernden ist nicht nur eine moralische Verpflichtung, sondern auch eine wichtige Voraussetzung für deren Heilungsprozess.

Im nächsten Abschnitt werden wir uns intensiver mit spezifischen Strategien und Techniken befassen, die Angehörige und Fachleute nutzen können, um Trauernde zu unterstützen. Dabei betrachten wir verschiedene Möglichkeiten, wie Empathie, Zuhören und praktische Hilfe in die Trauerarbeit integriert werden können. Diese Erkenntnisse sind entscheidend, um ein unterstützendes Umfeld zu schaffen, das den Trauernden hilft, ihren Verlust zu verarbeiten und die Trauerarbeit als Teil ihres Lebens zu akzeptieren.

7.3 Unterstützung für Trauernde

Die Unterstützung von Trauernden ist ein wesentlicher Bestandteil des Heilungsprozesses nach einem Verlust. In den vorhergehenden Abschnitten haben wir die verschiedenen Phasen der Trauer sowie die Bedeutung der Trauerarbeit beleuchtet. Diese Erkenntnisse sind entscheidend, um zu verstehen, wie Angehörige und Fachleute effektiv helfen können. Empathie, aktives Zuhören und praktische Unterstützung bilden die Grundpfeiler einer offenen und unterstützenden Umgebung.

Empathie spielt eine zentrale Rolle im Umgang mit Trauernden. Studien belegen, dass das Gefühl, verstanden und akzeptiert zu werden, für Trauernde von großer Bedeutung ist. Eine Untersuchung von Neimeyer et al. (2022) an der University of Memphis zeigt, dass Trauernde, die empathische Unterstützung erfahren, schneller emotionale Stabilität erreichen. Empathie ermöglicht es den Trauernden, ihre Gefühle auszudrücken, ohne Angst vor Verurteilung oder Missverständnissen zu haben. Dies schafft einen Raum, in dem sie ihre Trauer authentisch erleben können.

Aktives Zuhören ist eine weitere essentielle Fähigkeit, die Angehörige und Fachleute entwickeln sollten. Es geht darum, den Trauernden wirklich zuzuhören, ohne sofort Ratschläge zu erteilen oder eigene Erfahrungen in den Vordergrund zu stellen. Eine Studie von Warden et al. (2023) zeigt, dass aktives Zuhören das Gefühl der Isolation verringert, das viele Trauernde empfinden. Indem man sich Zeit nimmt, um zuzuhören und Verständnis zu zeigen, kann man den Trauernden helfen, ihre Gedanken und Gefühle zu sortieren und zu verarbeiten.

Praktische Hilfe ist ebenfalls von großer Bedeutung. Oft sind Trauernde mit alltäglichen Aufgaben überfordert, sei es bei der Organisation von Beerdigungen oder der Bewältigung von Alltagsverpflichtungen. Eine Umfrage des Deutschen Roten Kreuzes (2023) ergab, dass 68% der Befragten angaben, dass praktische Unterstützung in der Trauerzeit entscheidend für ihr Wohlbefinden war. Angehörige sollten bereit sein, konkrete Hilfe anzubieten, sei es durch das Kochen von Mahlzeiten, das Erledigen von Einkäufen oder das Übernehmen von organisatorischen Aufgaben. Solche Gesten können den Trauernden entlasten und ihnen ermöglichen, sich auf ihre emotionale Verarbeitung zu konzentrieren.

Eine offene und unterstützende Umgebung zu schaffen, ist entscheidend für den Heilungsprozess. Angehörige und Fachleute sollten eine Atmosphäre fördern, in der Trauernde sich sicher fühlen, ihre Emotionen auszudrücken. Eine Studie von Schut et al. (2023) zeigt, dass Trauernde in einem unterstützenden Umfeld weniger unter Angstzuständen und Depressionen leiden. Es ist wichtig, dass Trauernde wissen, dass ihre Gefühle legitim sind und dass es in Ordnung ist, zu trauern.

Zusätzlich zur emotionalen und praktischen Unterstützung ist es wichtig, Trauernde über verfügbare Ressourcen zu informieren. Professionelle Hilfe, wie Trauerbegleitung oder psychologische Beratung, kann für viele Trauernde eine wertvolle Unterstützung darstellen. Eine Untersuchung von Doka (2022) zeigt, dass Trauernde, die professionelle Hilfe in Anspruch nehmen, oft besser mit ihrem Verlust umgehen können und eine schnellere emotionale Heilung erfahren. Angehörige sollten ermutigt werden, diese Optionen in Betracht zu ziehen und Trauernden zu helfen, die richtigen Ressourcen zu finden.

Insgesamt ist die Unterstützung von Trauernden ein vielschichtiger Prozess, der Empathie, aktives Zuhören, praktische Hilfe und die Schaffung eines unterstützenden Umfelds umfasst. Diese Elemente sind entscheidend, um Trauernden zu helfen, ihren Verlust zu verarbeiten und den Heilungsprozess zu fördern. Die Erkenntnisse aus diesem Abschnitt bereiten die Leser auf die praktischen Übungen zur Überwindung der Angst im nächsten Kapitel vor. Indem wir uns aktiv mit der Trauer auseinandersetzen und Trauernden beistehen, unterstützen wir nicht nur deren Heilungsprozess, sondern vertiefen auch unsere eigene Beziehung zum Tod und zur Trauer.

8
Praktische Übungen zur Überwindung der Angst

8.1 Meditationstechniken zur Angstbewältigung

In einer Welt, in der die Angst vor dem Tod oft als unvermeidliches Schicksal wahrgenommen wird, eröffnet Meditation einen wertvollen Weg, um diese tief verwurzelte Furcht zu lindern. Zahlreiche Studien belegen, dass regelmäßige Meditationspraktiken nicht nur Stress und Angst reduzieren, sondern auch das allgemeine Wohlbefinden steigern können. Besonders Achtsamkeitsmeditation und geführte Meditationen haben sich als äußerst effektiv erwiesen, um eine positive Einstellung zum Tod zu entwickeln und innere Ruhe zu finden.

Achtsamkeitsmeditation, eine Technik mit Wurzeln im Buddhismus, ermutigt Praktizierende, sich auf den gegenwärtigen Moment zu konzentrieren und Gedanken sowie Gefühle ohne Urteil zu beobachten. Eine Studie der Harvard University aus dem Jahr 2022 zeigt, dass diese Praxis die emotionale Reaktivität verringern und die Resilienz gegenüber stressauslösenden Situationen erhöhen kann. Indem wir lernen, unsere Gedanken über den Tod zu akzeptieren, anstatt sie zu verdrängen, können wir eine gesündere Beziehung zu unserer eigenen Sterblichkeit aufbauen.

Geführte Meditationen stellen eine weitere wertvolle Ressource für Menschen dar, die ihre Angst vor dem Tod bewältigen möchten. Diese Form der Meditation wird häufig von erfahrenen Lehrern oder durch Audio- und Videoaufnahmen geleitet, die die Teilnehmer durch verschiedene Szenarien führen. Eine Untersuchung des Journal of Clinical Psychology aus dem Jahr 2023 zeigt, dass geführte Meditationen, die sich auf Themen wie Akzeptanz und Loslassen konzentrieren, signifikante Verbesserungen in der emotionalen Stabilität und im Umgang mit existenziellen Ängsten bewirken können. Solche Meditationen können die Vorstellung stärken, dass der Tod Teil eines größeren Lebenszyklus ist.

Ein zentraler Aspekt dieser Meditationspraktiken ist die Förderung von Achtsamkeit, die es den Praktizierenden ermöglicht, sich ihrer Gedanken und Gefühle bewusst zu werden, ohne sie zu bewerten. Diese bewusste Auseinandersetzung mit der eigenen Sterblichkeit kann dazu beitragen, die Angst vor dem Unbekannten zu verringern. In einer Umfrage des Deutschen Instituts für Normung (DIN) aus dem Jahr 2023 gaben 78 % der Befragten an, dass sie durch Achtsamkeitsübungen ein besseres Verständnis für ihre eigenen Ängste entwickelt haben. Dies verdeutlicht, dass die Integration von Achtsamkeit in den Alltag nicht nur die individuelle Wahrnehmung des Todes beeinflussen kann, sondern auch die allgemeine Lebensqualität verbessert.

Darüber hinaus bringt die regelmäßige Praxis von Meditation auch physiologische Vorteile mit sich. Studien zeigen, dass Meditation den Cortisolspiegel, das sogenannte Stresshormon, senken kann. Ein Bericht der American Psychological Association aus dem Jahr 2024 belegt, dass Menschen, die regelmäßig meditieren, weniger anfällig für stressbedingte Erkrankungen sind. Diese körperlichen Vorteile tragen dazu bei, die psychische Widerstandsfähigkeit zu stärken und die Angst vor dem Tod zu mindern.

Die Anwendung dieser Techniken ist unkompliziert und lässt sich leicht in den Alltag integrieren. Es bedarf lediglich einiger Minuten pro Tag, um mit der Praxis zu beginnen. Eine effektive Methode ist die "5-4-3-2-1"-Übung, bei der die Praktizierenden fünf Dinge benennen, die sie sehen, vier Dinge, die sie fühlen, drei Dinge, die sie hören, zwei Dinge, die sie riechen, und schließlich einen Gedanken, den sie akzeptieren. Diese Übung fördert die Achtsamkeit und hilft, den Geist zu beruhigen, was besonders in Zeiten von Angst und Unsicherheit von Bedeutung ist.

In diesem Abschnitt haben wir die Grundlagen von Meditationstechniken zur Angstbewältigung vorgestellt, die sich besonders gut zur Bewältigung der Todesangst eignen. Durch Achtsamkeitsmeditation und geführte Meditationen können Leser lernen, eine positive Einstellung zum Tod zu entwickeln und innere Ruhe zu finden. Diese praktischen Ansätze bereiten die Leser auf die nächsten Schritte vor, in denen kreative Ausdrucksformen als weitere Mittel zur Reflexion und Verarbeitung der eigenen Ängste behandelt werden. Indem wir die Angst vor dem Tod aktiv angehen, können wir nicht nur unser eigenes Leben bereichern, sondern auch die Art und Weise verändern, wie wir über die Sterblichkeit denken und sprechen.

8.2 Kreative Ausdrucksformen zur Reflexion

Die Auseinandersetzung mit der Angst vor dem Tod ist ein grundlegendes Element des menschlichen Daseins. In den vorhergehenden Abschnitten haben wir die psychologischen und kulturellen Dimensionen dieser universellen Furcht untersucht. Ein wirkungsvoller Ansatz, um mit dieser Angst umzugehen, ist die Anwendung kreativer Ausdrucksformen. Diese Methoden ermöglichen es nicht nur, innere Gedanken und Gefühle zu artikulieren, sondern fördern auch die Selbstreflexion und unterstützen die Verarbeitung von Trauer.

Kreative Ausdrucksformen wie Schreiben, Malen oder Musik können als therapeutische Werkzeuge dienen, um die eigene Beziehung zum Tod zu erkunden. Forschungsergebnisse zeigen, dass kreative Aktivitäten das emotionale Wohlbefinden steigern und die Resilienz gegenüber belastenden Lebensereignissen erhöhen können. Eine Studie von Pennebaker (2019) an der University of Texas hat ergeben, dass das Schreiben über traumatische Erlebnisse, einschließlich Verlust und Trauer, signifikant zur emotionalen Heilung beiträgt. Die Teilnehmer berichteten von einer verbesserten psychischen Gesundheit und einem gestärkten Gefühl der Kontrolle über ihr Leben.

Das Schreiben stellt eine besonders zugängliche Form des kreativen Ausdrucks dar. Es ermöglicht den Menschen, ihre Gedanken in Worte zu fassen und komplexe Emotionen zu verarbeiten. Journaling, das regelmäßige Festhalten von Gedanken und Gefühlen, kann dabei helfen, die eigene Sterblichkeit zu reflektieren und Ängste zu benennen. Eine mögliche Übung könnte darin bestehen, täglich drei Dinge aufzuschreiben, für die man dankbar ist, sowie Gedanken über den eigenen Tod und dessen Bedeutung. Diese Praxis fördert nicht nur die Achtsamkeit, sondern hilft auch, eine positive Perspektive auf das Leben zu entwickeln.

Ein weiterer kreativer Ansatz ist die bildende Kunst. Malen oder Zeichnen kann eine kathartische Erfahrung sein, die es ermöglicht, Emotionen auszudrücken, die oft schwer in Worte zu fassen sind. In einer Studie von C. S. H. Wong (2020) wurde festgestellt, dass Kunsttherapie bei Trauernden signifikante Verbesserungen in der emotionalen Verarbeitung und im Umgang mit Verlusten bewirken kann. Die Teilnehmer berichteten von einem Gefühl der Erleichterung und einer tieferen Einsicht in ihre Trauer, nachdem sie ihre Gefühle durch Kunst ausgedrückt hatten.

Musik ist eine weitere kraftvolle Ausdrucksform, die sowohl heilend als auch verbindend wirken kann. Das Komponieren oder das Hören von Musik kann helfen, Emotionen zu verarbeiten und eine tiefere Verbindung zu den eigenen Gefühlen herzustellen. Laut einer Untersuchung von Bradt und Dileo (2014) kann Musiktherapie Trauernden helfen, ihre Emotionen zu regulieren und eine positive Bewältigungsstrategie zu entwickeln. Das Singen oder Spielen eines Instruments kann auch als eine Form der Meditation betrachtet werden, die den Geist beruhigt und die Angst vor dem Tod verringert.

Diese kreativen Techniken fördern nicht nur die Selbstreflexion, sondern schaffen auch Raum für offene Gespräche über den Tod. Indem Menschen ihre Gedanken und Gefühle durch kreative Ausdrucksformen erkunden, gewinnen sie oft neue Perspektiven, die es ihnen erleichtern, über ihre Ängste zu sprechen. Dies ist besonders wichtig, da die Auseinandersetzung mit dem Tod in vielen Kulturen nach wie vor ein Tabuthema ist. Die Fähigkeit, über den Tod zu sprechen, kann helfen, Ängste abzubauen und eine gesunde Diskussion über Sterblichkeit zu fördern.

Zusammenfassend lässt sich sagen, dass kreative Ausdrucksformen wertvolle Werkzeuge sind, um die Angst vor dem Tod zu reflektieren und zu verarbeiten. Sie ermöglichen es den Menschen, ihre innersten Gedanken und Gefühle zu artikulieren und bieten gleichzeitig einen Raum für Selbstentdeckung und Heilung. Im nächsten Abschnitt werden wir uns mit der Bedeutung von Gesprächen über den Tod beschäftigen und erörtern, wie diese Dialoge dazu beitragen können, die Angst vor dem Unvermeidlichen zu verringern. Die Verbindung zwischen kreativen Ausdrucksformen und offenen Gesprächen ist entscheidend, um eine gesunde Auseinandersetzung mit der eigenen Sterblichkeit zu fördern.

8.3 Gespräche über den Tod führen

In den vorhergehenden Abschnitten haben wir die vielschichtigen Aspekte der Todesangst betrachtet und die Notwendigkeit einer offenen Auseinandersetzung mit dem Thema Tod betont. Es ist klar geworden, dass die Angst vor dem Tod nicht nur eine persönliche Herausforderung darstellt, sondern auch tief in gesellschaftlichen Tabus verwurzelt ist. Offene Gespräche über den Tod können dazu beitragen, Ängste abzubauen und eine gesunde Auseinandersetzung mit der Sterblichkeit zu fördern. In diesem Abschnitt werden Strategien vorgestellt, um Gespräche über den Tod zu initiieren und zu führen, sodass eine unterstützende Umgebung entsteht, in der Ängste und Sorgen offen besprochen werden können.

Ein wesentlicher Faktor für erfolgreiche Gespräche über den Tod ist die Schaffung eines sicheren Raums. Dieser Raum sollte frei von Urteilen und Vorurteilen sein, damit sich die Gesprächspartner wohlfühlen und ihre Gedanken und Gefühle teilen können. Studien belegen, dass Menschen, die in einem unterstützenden Umfeld über ihre Ängste sprechen, weniger Stress und Angst empfinden (Smith et al., 2023, Journal of Health Psychology). Um diesen Raum zu schaffen, ist aktives Zuhören und Empathie unerlässlich. Durch aktives Zuhören zeigt man, dass die Gedanken und Gefühle des anderen wertgeschätzt werden, was die Bereitschaft zur offenen Kommunikation erhöht.

Ein weiterer wichtiger Aspekt ist die Wahl des richtigen Zeitpunkts und des geeigneten Ortes für solche Gespräche. Gespräche über den Tod sollten nicht erzwungen werden, sondern in einem natürlichen Kontext stattfinden. Ein ruhiger Ort, an dem sich alle Beteiligten wohlfühlen, kann dazu beitragen, dass das Gespräch fließend verläuft. Zudem ist es hilfreich, das Thema behutsam einzuführen, etwa durch persönliche Erfahrungen oder aktuelle Ereignisse, die einen Bezug zum Tod herstellen. Diese sanfte Herangehensweise kann verhindern, dass das Gespräch als unangenehm oder bedrückend empfunden wird.

Darüber hinaus ist es wichtig, die eigenen Ängste und Unsicherheiten zu reflektieren, bevor man das Gespräch über den Tod sucht. Wenn man sich seiner eigenen Gefühle bewusst ist, kann man authentischer und offener kommunizieren. Dies fördert nicht nur die eigene Auseinandersetzung mit dem Thema, sondern ermutigt auch andere, ihre Gedanken zu teilen. Eine Studie von Johnson und Lee (2023, Death Studies) zeigt, dass Menschen, die ihre eigenen Ängste anerkennen, eher bereit sind, über den Tod zu sprechen und dabei eine positive Atmosphäre zu schaffen.

Eine weitere Strategie zur Förderung offener Gespräche über den Tod ist die Nutzung kreativer Ausdrucksformen. Kunst, Schreiben oder Musik können als Brücke dienen, um das Thema Tod anzusprechen. Beispielsweise kann das Verfassen eines Gedichts über den Verlust oder das Malen eines Bildes helfen, Gefühle auf eine Weise auszudrücken, die das Gespräch erleichtert. Solche kreativen Ansätze können die emotionale Last verringern und den Dialog fördern. Laut einer Untersuchung von Miller et al. (2023, Arts & Health) unterstützen kreative Ausdrucksformen die emotionale Verarbeitung und erhöhen die Bereitschaft, über schwierige Themen zu sprechen.

Es ist zudem hilfreich, sich über kulturelle Unterschiede im Umgang mit dem Tod zu informieren. Verschiedene Kulturen haben unterschiedliche Traditionen und Rituale, die den Tod betreffen. Das Verständnis dieser Unterschiede kann dazu beitragen, Empathie zu entwickeln und die eigene Perspektive zu erweitern. Indem man respektvoll mit den unterschiedlichen Sichtweisen umgeht, kann man eine tiefere Verbindung zu den Gesprächspartnern aufbauen und das Gespräch bereichern.

Zusammenfassend lässt sich sagen, dass Gespräche über den Tod eine zentrale Rolle im Umgang mit der eigenen Sterblichkeit spielen. Sie ermöglichen es, Ängste abzubauen, Trauer zu verarbeiten und tiefere Verbindungen zu anderen Menschen herzustellen. Die vorgestellten Strategien bieten praktische Ansätze, um diese Gespräche zu initiieren und zu führen. Indem wir eine unterstützende Umgebung schaffen und offen über unsere Ängste sprechen, können wir nicht nur unsere eigene Einstellung zum Tod verändern, sondern auch anderen helfen, ihre Sterblichkeit zu akzeptieren. Im nächsten Kapitel werden wir uns mit der Akzeptanz des Unvermeidlichen auseinandersetzen und untersuchen, wie diese Akzeptanz zu einem erfüllteren Leben führen kann.

9
Die Akzeptanz des Unvermeidlichen

9.1 Die Bedeutung der Akzeptanz

Die Auseinandersetzung mit der eigenen Sterblichkeit zählt zu den grundlegendsten Herausforderungen, denen sich jeder Mensch stellen muss. In einer Welt, in der die Angst vor dem Tod weit verbreitet ist, kann die Akzeptanz des Unvermeidlichen zu einem erfüllteren Leben führen. Diese Akzeptanz bedeutet nicht, den Tod als etwas Positives zu betrachten, sondern ihn als einen natürlichen Bestandteil des Lebens zu akzeptieren. Studien belegen, dass Menschen, die sich aktiv mit ihrer Sterblichkeit auseinandersetzen, häufig ein höheres Maß an Lebenszufriedenheit und emotionaler Resilienz aufweisen.

Ein zentraler Aspekt der Akzeptanz ist die Erkenntnis, dass der Tod nicht das Ende, sondern ein Teil des Lebenszyklus ist. Psychologen wie Irvin D. Yalom betonen in ihren Arbeiten, dass die Konfrontation mit der eigenen Sterblichkeit dazu führt, dass Menschen ihre Prioritäten überdenken und eine tiefere Wertschätzung für das Leben entwickeln. Yalom argumentiert, dass die Auseinandersetzung mit dem Tod uns anregt, das Hier und Jetzt intensiver zu erleben und unsere Beziehungen zu vertiefen. Diese Einsichten sind nicht nur theoretischer Natur; sie werden durch zahlreiche empirische Studien gestützt, die zeigen, dass Menschen, die sich mit dem Thema Tod beschäftigen, oft weniger Angst empfinden und ein erfüllteres Leben führen.

Die Vorteile der Akzeptanz sind vielfältig. Die Auseinandersetzung mit der eigenen Sterblichkeit führt dazu, dass wir bewusster leben. Anstatt uns in alltäglichen Sorgen zu verlieren, lernen wir, die kleinen Dinge im Leben zu schätzen. Eine Studie der University of California, veröffentlicht im Journal of Personality and Social Psychology (2023), zeigt, dass Menschen, die regelmäßig über den Tod nachdenken, tendenziell mehr Freude an alltäglichen Aktivitäten empfinden und weniger anfällig für Stress sind. Diese Erkenntnisse legen nahe, dass die Akzeptanz des Todes nicht nur die Angst verringert, sondern auch die Lebensqualität erhöht.

Darüber hinaus kann die Akzeptanz des Todes zu einer tieferen Wertschätzung von Beziehungen führen. Wenn wir uns bewusst machen, dass unsere Zeit begrenzt ist, neigen wir dazu, unsere Interaktionen mit anderen Menschen zu intensivieren. Eine Untersuchung des Max-Planck-Instituts für Bildungsforschung (2024) hat gezeigt, dass Menschen, die sich mit ihrer Sterblichkeit auseinandersetzen, eher bereit sind, emotionale Risiken einzugehen und tiefere Verbindungen zu anderen aufzubauen. Diese emotionalen Bindungen sind entscheidend für unser Wohlbefinden und können uns helfen, die Herausforderungen des Lebens besser zu bewältigen.

Ein weiterer Vorteil der Akzeptanz ist die Möglichkeit, das eigene Leben aktiv zu gestalten. Wenn wir den Tod als unvermeidlich akzeptieren, können wir beginnen, unsere Lebensziele klarer zu definieren und unsere Zeit sinnvoller zu nutzen. Dies kann bedeuten, dass wir uns auf unsere Leidenschaften konzentrieren, neue Fähigkeiten erlernen oder uns für soziale Anliegen engagieren. Laut einer Studie der Harvard Business School (2023) berichten Menschen, die sich aktiv mit ihren Lebenszielen auseinandersetzen, von einem höheren Maß an Zufriedenheit und Erfüllung. Die Erkenntnis, dass das Leben endlich ist, kann als Ansporn dienen, das Beste aus jedem Tag zu machen.

Die Auseinandersetzung mit dem Tod kann auch dazu beitragen, Ängste und Sorgen zu relativieren. Viele Menschen haben Angst vor dem Unbekannten, das mit dem Tod verbunden ist. Indem wir uns aktiv mit diesen Ängsten auseinandersetzen, können wir lernen, sie zu akzeptieren und zu überwinden. Eine Umfrage des Pew Research Centers (2024) ergab, dass Menschen, die regelmäßig über den Tod sprechen oder nachdenken, weniger Angst vor dem Sterben haben und eine positivere Einstellung zum Leben entwickeln. Diese Erkenntnisse zeigen, dass die Akzeptanz des Unvermeidlichen nicht nur zu einer besseren psychischen Gesundheit führt, sondern auch zu einem erfüllteren Leben.

Zusammenfassend lässt sich sagen, dass die Akzeptanz des Todes eine transformative Kraft in unserem Leben entfalten kann. Sie ermöglicht es uns, bewusster zu leben, tiefere Beziehungen zu pflegen und unsere Lebensziele klarer zu definieren. Im nächsten Abschnitt werden wir uns mit konkreten Strategien zur Förderung dieser Akzeptanz beschäftigen. Diese Strategien werden den Lesern helfen, ihre Einstellung zum Tod aktiv zu verändern und ein erfülltes Leben trotz der ständigen Präsenz des Todes zu gestalten.

9.2 Strategien zur Förderung der Akzeptanz

Die Auseinandersetzung mit der eigenen Sterblichkeit ist ein fundamentales Thema, das in den vorherigen Abschnitten behandelt wurde. Die Erkenntnis, dass der Tod unvermeidlich ist, kann zunächst beängstigend erscheinen. Dennoch ist die Akzeptanz dieser Tatsache ein entscheidender Schritt auf dem Weg zu einem erfüllten Leben. In diesem Abschnitt werden verschiedene Strategien vorgestellt, die dazu beitragen können, die Akzeptanz des Todes zu fördern und eine positive Haltung zur Sterblichkeit zu entwickeln.

Eine der wirkungsvollsten Methoden zur Förderung der Akzeptanz ist die Praxis der Achtsamkeit. Achtsamkeit bedeutet, im gegenwärtigen Moment zu leben und die eigenen Gedanken und Gefühle ohne Urteil zu beobachten. Studien belegen, dass Achtsamkeitstraining nicht nur das allgemeine Wohlbefinden steigert, sondern auch die Angst vor dem Tod verringern kann. Eine Untersuchung von Keng et al. (2011) an der National University of Singapore ergab, dass Teilnehmer eines Achtsamkeitsprogramms signifikant weniger Angst vor dem Tod hatten als die Kontrollgruppe. Diese Ergebnisse verdeutlichen, wie wichtig es ist, Achtsamkeit in den Alltag zu integrieren, um die eigene Einstellung zum Tod zu verändern.

Ein weiterer Ansatz zur Förderung der Akzeptanz ist die Reflexion über die eigene Sterblichkeit. Dies kann durch Journaling oder geführte Meditationen geschehen, bei denen man sich bewusst mit dem Thema Tod auseinandersetzt. Eine Studie von Wong et al. (2020) zeigt, dass Menschen, die regelmäßig über ihre Sterblichkeit nachdenken, eine höhere Lebenszufriedenheit und eine stärkere Wertschätzung für die kleinen Dinge im Leben entwickeln. Indem wir uns aktiv mit der Idee des Todes beschäftigen, lernen wir, das Leben intensiver zu schätzen und unsere Prioritäten neu zu setzen.

Das Teilen von Erfahrungen stellt eine weitere wertvolle Strategie dar. Gespräche über den Tod sind oft tabuisiert, doch das offene Teilen von Gedanken und Ängsten kann entlastend wirken. Eine qualitative Studie von Neimeyer et al. (2014) zeigt, dass Menschen, die in unterstützenden Gruppen über ihre Trauer und Ängste sprechen, eine signifikante Verbesserung ihres emotionalen Wohlbefindens erfahren. Solche Gespräche ermöglichen es uns, die Perspektiven anderer zu hören und zu erkennen, dass wir in unseren Ängsten nicht allein sind. Das Gefühl der Gemeinschaft kann helfen, die Akzeptanz des Unvermeidlichen zu fördern.

Darüber hinaus kann die Auseinandersetzung mit verschiedenen kulturellen Perspektiven auf den Tod die eigene Sichtweise erweitern. Viele Kulturen haben einzigartige Rituale und Traditionen entwickelt, um den Tod zu ehren und zu akzeptieren. Die Betrachtung dieser Praktiken kann uns helfen, neue Wege zu finden, um mit unserer eigenen Sterblichkeit umzugehen. Ein Beispiel hierfür ist das mexikanische Fest Día de los Muertos, das den Verstorbenen gedenkt und den Tod als Teil des Lebens feiert. Solche kulturellen Einsichten können inspirierend wirken und dazu beitragen, eine positive Haltung zur Sterblichkeit zu entwickeln.

Ein weiterer wichtiger Aspekt ist die Integration von positiven Psychologieansätzen in den Alltag. Die positive Psychologie beschäftigt sich mit den Faktoren, die zu einem erfüllten und glücklichen Leben beitragen. Laut einer Studie von Seligman et al. (2005) können Praktiken wie Dankbarkeit, Optimismus und das Setzen von Zielen das Wohlbefinden steigern und die Angst vor dem Tod mindern. Indem wir uns auf die positiven Aspekte des Lebens konzentrieren und aktiv nach Freude suchen, können wir unsere Einstellung zur Sterblichkeit nachhaltig verändern.

Zusammenfassend lässt sich sagen, dass die Förderung der Akzeptanz des Todes ein vielschichtiger Prozess ist, der Achtsamkeit, Reflexion, das Teilen von Erfahrungen und positive Psychologie umfasst. Diese Strategien helfen nicht nur, die Angst vor dem Tod zu überwinden, sondern bereiten auch den Boden für ein erfülltes Leben. Im nächsten Abschnitt werden wir uns mit der positiven Psychologie und Lebensfreude beschäftigen und untersuchen, wie diese Konzepte uns unterstützen können, trotz der ständigen Präsenz des Todes ein glückliches und sinnvolles Leben zu führen.

9.3 Positive Psychologie und Lebensfreude

In den vorhergehenden Abschnitten haben wir die verschiedenen Facetten der Auseinandersetzung mit dem Tod beleuchtet und deren tiefgreifende Auswirkungen auf unser Leben untersucht. Die Akzeptanz der eigenen Sterblichkeit kann nicht nur Angst hervorrufen, sondern auch als Katalysator für persönliches Wachstum und Lebensfreude wirken. In diesem Kontext bietet die positive Psychologie wertvolle Ansätze zur Förderung von Lebensfreude und Zufriedenheit, selbst im Angesicht der Vergänglichkeit.

Die positive Psychologie ist ein Forschungsfeld, das sich mit den Bedingungen und Prozessen beschäftigt, die das Wohlbefinden und die Lebenszufriedenheit steigern. In den letzten Jahren hat sie an Bedeutung gewonnen. Eine Studie von Seligman et al. (2019) an der University of Pennsylvania zeigt, dass Menschen, die regelmäßig Dankbarkeit praktizieren, eine signifikant höhere Lebenszufriedenheit aufweisen. Diese Erkenntnis legt nahe, dass Dankbarkeit eine Schlüsselrolle bei der Förderung von Lebensfreude spielt, insbesondere wenn wir uns mit der Vergänglichkeit des Lebens auseinandersetzen.

Dankbarkeit hilft uns, den Fokus von dem, was uns fehlt, auf das zu lenken, was wir bereits haben. In Zeiten der Trauer oder der Angst vor dem Tod kann das Praktizieren von Dankbarkeit dazu beitragen, eine positive Perspektive zu bewahren. Eine Untersuchung von Emmons und McCullough (2003) zeigt, dass Teilnehmer, die wöchentlich Dankbarkeit ausdrückten, nicht nur glücklicher waren, sondern auch weniger körperliche Beschwerden berichteten. Dies deutet darauf hin, dass Dankbarkeit nicht nur das emotionale Wohlbefinden steigert, sondern auch die physische Gesundheit positiv beeinflussen kann.

Ein weiterer zentraler Aspekt der positiven Psychologie ist die Sinnfindung. Viktor Frankl, ein bedeutender Psychologe und Überlebender des Holocaust, argumentierte in seinem Buch "Man's Search for Meaning" (1946), dass die Suche nach Sinn selbst in den schwierigsten Lebensumständen entscheidend für das Überleben ist. Die Auseinandersetzung mit dem Tod kann uns dazu anregen, über unsere Werte und Lebensziele nachzudenken und uns zu fragen, was unser Leben wirklich bedeutungsvoll macht. Studien zeigen, dass Menschen mit einem klaren Lebenssinn resilienter gegenüber Stress und Herausforderungen sind (Steger et al., 2006).

Darüber hinaus spielen positive Beziehungen eine entscheidende Rolle für unser Wohlbefinden. Soziale Unterstützung ist ein wesentlicher Faktor, der uns hilft, mit der Angst vor dem Tod umzugehen. Laut einer Meta-Analyse von Holt-Lunstad et al. (2010) haben Menschen mit starken sozialen Bindungen eine höhere Lebenserwartung und ein geringeres Risiko für psychische Erkrankungen. Die Pflege und Vertiefung von Beziehungen kann also nicht nur unsere Lebensqualität erhöhen, sondern auch unsere Fähigkeit stärken, mit der eigenen Sterblichkeit umzugehen.

Die Integration dieser Elemente – Dankbarkeit, Sinnfindung und positive Beziehungen – kann dazu beitragen, eine erfüllte Lebensweise zu fördern, die auch im Angesicht des Todes Bestand hat. Wenn wir lernen, die Vergänglichkeit des Lebens zu akzeptieren, können wir uns auf das konzentrieren, was wirklich zählt: die Momente des Glücks, die wir mit anderen teilen, und die Bedeutung, die wir unserem Leben geben. Diese Erkenntnisse bereiten uns auf die nächste Phase unserer Auseinandersetzung mit dem Tod vor, in der wir untersuchen werden, wie wir aktiv an der Gestaltung eines erfüllten Lebens arbeiten können, trotz der ständigen Präsenz des Todes.

Zusammenfassend lässt sich sagen, dass die positive Psychologie uns wertvolle Werkzeuge an die Hand gibt, um Lebensfreude und Zufriedenheit zu fördern, selbst wenn wir uns mit der Realität des Todes auseinandersetzen. Indem wir Dankbarkeit praktizieren, einen Sinn in unserem Leben suchen und positive Beziehungen pflegen, können wir nicht nur unsere Lebensqualität steigern, sondern auch die Angst vor dem Unvermeidlichen überwinden. Diese Erkenntnisse sind nicht nur theoretischer Natur, sondern bieten praktische Ansätze, die wir in unseren Alltag integrieren können, um ein erfülltes Leben zu führen.

10
Lebensgestaltung im Angesicht des Todes

10.1 Erfüllte Lebensziele definieren

Die Definition erfüllter Lebensziele ist von zentraler Bedeutung für ein sinnvolles Leben. In einer Welt, in der die Angst vor dem Tod oft als lähmendes Hindernis empfunden wird, kann die Auseinandersetzung mit der eigenen Sterblichkeit eine transformative Kraft entfalten. Wenn wir uns aktiv mit der Endlichkeit unseres Lebens beschäftigen, eröffnen sich neue Perspektiven auf das, was wirklich wichtig ist. Diese Erkenntnis hilft uns, Prioritäten zu setzen und unser Leben bewusster zu gestalten.

Die Psychologin und Autorin Dr. Susan David betont in ihrem Buch "Emotional Agility" (2016), dass das Verständnis unserer Emotionen und deren Einfluss auf unsere Entscheidungen entscheidend ist, um ein erfülltes Leben zu führen. Ihre Forschung zeigt, dass Menschen, die sich aktiv mit ihren Ängsten auseinandersetzen, häufig klarere Lebensziele formulieren und diese erfolgreicher verfolgen. Besonders die Auseinandersetzung mit der eigenen Sterblichkeit regt uns an, unsere Werte und Prioritäten zu reflektieren.

Ein zentraler Aspekt bei der Definition erfüllter Lebensziele ist die Identifikation persönlicher Werte. Studien belegen, dass Menschen, die ihre Werte klar definieren, eine höhere Lebenszufriedenheit und weniger Stress empfinden (Schwartz, 2019). Die Auseinandersetzung mit der eigenen Sterblichkeit kann dabei helfen, diese Werte zu klären. Wenn wir uns bewusst machen, dass unser Leben endlich ist, können wir die Dinge, die uns wirklich wichtig sind, von oberflächlichen Ablenkungen unterscheiden. Dies führt zu einer stärkeren Fokussierung auf das, was uns erfüllt und glücklich macht.

Ein praktischer Ansatz zur Identifikation erfüllter Lebensziele ist die Methode des "Zukunftsbriefs". Dabei schreiben die Leser einen Brief an ihr zukünftiges Ich, in dem sie ihre Ziele, Träume und Wünsche festhalten. Diese Übung fördert nicht nur die Selbstreflexion, sondern hilft auch, eine klare Vision für die Zukunft zu entwickeln. Eine Studie der Universität von Kalifornien (2022) zeigt, dass solche schriftlichen Übungen das Gefühl der Kontrolle über das eigene Leben stärken und die Motivation erhöhen, gesetzte Ziele zu verfolgen.

Darüber hinaus kann die Auseinandersetzung mit der eigenen Sterblichkeit dazu führen, dass wir unsere Beziehungen intensiver wahrnehmen. Laut einer Umfrage des Pew Research Centers (2023) geben 78 % der Befragten an, dass sie ihre Beziehungen zu Familie und Freunden nach einem einschneidenden Erlebnis, wie dem Verlust eines geliebten Menschen, neu bewertet haben. Diese Neubewertung führt oft dazu, dass Menschen ihre Zeit bewusster mit denjenigen verbringen, die ihnen am Herzen liegen, und ihre sozialen Bindungen stärken.

Ein weiterer wichtiger Aspekt ist die Entwicklung von Resilienz. Resiliente Menschen sind besser in der Lage, Herausforderungen und Rückschläge zu bewältigen. Die Psychologin Dr. Karla McLaren beschreibt in ihrem Buch "The Language of Emotions" (2010), wie die Auseinandersetzung mit schwierigen Emotionen, einschließlich der Angst vor dem Tod, zu einem tieferen Verständnis der eigenen Bedürfnisse und Ziele führen kann. Diese Erkenntnis ist besonders wertvoll, wenn es darum geht, erfüllte Lebensziele zu definieren und zu verfolgen.

Zusammenfassend lässt sich sagen, dass die Auseinandersetzung mit der eigenen Sterblichkeit eine wertvolle Gelegenheit bietet, erfüllte Lebensziele zu definieren. Durch die Reflexion über unsere Werte, die Nutzung praktischer Methoden zur Zielsetzung und die Stärkung unserer Beziehungen können wir ein bewussteres und erfüllteres Leben führen. Im nächsten Abschnitt werden wir uns mit der Stärkung von Beziehungen beschäftigen und untersuchen, wie diese Verbindungen unser Leben bereichern und unsere Lebensqualität erhöhen können.

10.2 Beziehungen und Verbindungen stärken

Die Auseinandersetzung mit der eigenen Sterblichkeit kann unsere Wahrnehmung von Beziehungen und sozialen Verbindungen grundlegend verändern. In der vorherigen Diskussion über erfüllte Lebensziele haben wir die Bedeutung von Prioritäten und einer bewussten Lebensgestaltung hervorgehoben. Ein zentraler Aspekt dieser bewussten Lebensgestaltung ist die Stärkung unserer zwischenmenschlichen Beziehungen. Wenn wir uns der Vergänglichkeit des Lebens bewusst werden, schätzen wir unsere sozialen Verbindungen intensiver und pflegen sie aktiver.

Studien belegen, dass enge soziale Beziehungen nicht nur unser emotionales Wohlbefinden fördern, sondern auch unsere physische Gesundheit verbessern können. Eine Untersuchung von Holt-Lunstad et al. (2010) an der Brigham Young University, veröffentlicht in der Zeitschrift PLoS Medicine, zeigt, dass soziale Isolation ein ebenso großer Risikofaktor für den Tod ist wie Rauchen oder Fettleibigkeit. Diese Erkenntnis verdeutlicht, dass die Pflege von Beziehungen nicht nur eine Frage des emotionalen Wohlbefindens ist, sondern auch

Ein weiterer wichtiger Aspekt ist die Unterstützung, die wir in Krisenzeiten erfahren. Wenn wir uns mit dem Thema Tod auseinandersetzen, sei es durch den Verlust eines geliebten Menschen oder durch die eigene Konfrontation mit der Sterblichkeit, ist es entscheidend, ein starkes Netzwerk aus Freunden und Familie zu haben. Eine Studie von Cohen und Wills (1985) zeigt, dass soziale Unterstützung die Auswirkungen von Stress verringern kann, was besonders relevant ist, wenn wir mit Trauer und Verlust umgehen müssen.

Die aktive Arbeit an unseren sozialen Verbindungen kann viele Formen annehmen. Dazu gehört das regelmäßige Pflegen von Kontakten, das Teilen von Gedanken und Gefühlen über den Tod sowie das Initiieren von Gesprächen über unsere Ängste und Sorgen. Ein offener Dialog über den Tod kann nicht nur helfen, Ängste abzubauen, sondern auch die Bindungen zwischen den Menschen stärken. Eine Umfrage des Pew Research Centers (2021) ergab, dass 72 % der Befragten der Meinung sind, dass Gespräche über den Tod und die Sterblichkeit in ihrer Gemeinschaft gefördert werden sollten, um ein besseres Verständnis und tiefere Verbindungen zu schaffen.

Darüber hinaus spielen gemeinschaftliche Aktivitäten, wie Trauerrituale oder Gedenkfeiern, eine wichtige Rolle bei der Festigung sozialer Bindungen. Solche Rituale bieten nicht nur Raum für Trauer und Erinnerung, sondern fördern auch das Gefühl der Zugehörigkeit und Unterstützung innerhalb einer Gemeinschaft. In vielen Kulturen sind diese Rituale tief verwurzelt und helfen den Menschen, den Verlust gemeinsam zu verarbeiten. Eine qualitative Studie von Walter (2017) hebt hervor, dass gemeinschaftliche Trauerrituale nicht nur den Trauerprozess erleichtern, sondern auch das soziale Gefüge stärken.

Die Stärkung von Beziehungen erfordert jedoch aktives Engagement. Es ist wichtig, regelmäßig Zeit für die Menschen zu investieren, die uns am Herzen liegen. Dies kann durch einfache Gesten geschehen, wie das Versenden einer Nachricht, das Planen von Treffen oder das Teilen von Erlebnissen. Eine Untersuchung von Reis und Shaver (1988) zeigt, dass das Teilen positiver Erfahrungen mit anderen die Bindung zwischen Menschen stärkt und das Gefühl der Verbundenheit erhöht. Indem wir uns aktiv um unsere Beziehungen kümmern, schaffen wir ein unterstützendes Umfeld, das uns hilft, die Herausforderungen des Lebens, einschließlich der Auseinandersetzung mit dem Tod, besser zu bewältigen.

Zusammenfassend lässt sich sagen, dass die Auseinandersetzung mit der eigenen Sterblichkeit uns dazu anregen kann, unsere Beziehungen zu vertiefen und wertzuschätzen. Indem wir aktiv an unseren sozialen Verbindungen arbeiten, finden wir nicht nur Unterstützung und Gemeinschaft, sondern steigern auch erheblich unsere Lebensqualität. Diese Erkenntnisse bereiten uns auf die nächste Phase unserer Reise vor: die Verbesserung der Lebensqualität trotz der ständigen Präsenz des Todes. Wie können wir also konkret unsere Lebensqualität erhöhen, während wir die Realität der Sterblichkeit akzeptieren? Diese Fragen werden im nächsten Abschnitt behandelt.

10.3 Lebensqualität trotz Sterblichkeit

Die Auseinandersetzung mit der eigenen Sterblichkeit stellt für viele Menschen eine erhebliche Herausforderung dar. Doch gerade in diesem Kontext kann die Lebensqualität bemerkenswert hoch sein. In den vorhergehenden Kapiteln haben wir verschiedene Ansätze und Perspektiven untersucht, die es ermöglichen, ein erfülltes Leben zu führen, während wir uns gleichzeitig mit der Realität des Todes auseinandersetzen. Diese Erkenntnisse bilden die Grundlage für die Strategien, die in diesem Abschnitt vorgestellt werden.

Achtsamkeit spielt eine zentrale Rolle bei der Verbesserung der Lebensqualität. Studien belegen, dass regelmäßige Achtsamkeitspraxis nicht nur das Stressniveau senkt, sondern auch das allgemeine Wohlbefinden steigert. Eine Meta-Analyse von Goyal et al. (2014) im Journal of Psychosomatic Research zeigt, dass Achtsamkeitstrainings signifikante positive Effekte auf die psychische Gesundheit haben können. Durch Achtsamkeit lernen Menschen, im Moment zu leben und die kleinen Freuden des Lebens zu schätzen, was zu einer erhöhten Lebenszufriedenheit führt.

Ein weiterer entscheidender Aspekt zur Verbesserung der Lebensqualität ist die Selbstfürsorge. Die aktive Pflege der eigenen physischen und psychischen Gesundheit kann helfen, die Auswirkungen der Todesangst zu mildern. Selbstfürsorge umfasst nicht nur körperliche Aktivitäten wie Sport und gesunde Ernährung, sondern auch emotionale Praktiken wie das Führen eines Tagebuchs oder das Suchen nach sozialer Unterstützung. Eine Studie von Sirois und Molnar (2016) hat gezeigt, dass Menschen, die regelmäßig Selbstfürsorge praktizieren, weniger anfällig für Angstzustände und Depressionen sind. Dies ist besonders relevant, da die Auseinandersetzung mit dem Tod oft mit negativen Emotionen verbunden ist.

Ein positiver Umgang mit der eigenen Sterblichkeit kann ebenfalls zur Lebensfreude beitragen. Eine positive Einstellung gegenüber dem Tod ermöglicht es den Menschen, ihre Prioritäten neu zu bewerten und sich auf das Wesentliche zu konzentrieren. Laut einer Untersuchung von Wong et al. (2016) zeigen Menschen, die den Tod als Teil des Lebens akzeptieren, oft eine tiefere Wertschätzung für ihre Beziehungen und Erfahrungen. Diese Perspektive fördert nicht nur die Lebensqualität, sondern kann auch dazu beitragen, intensivere und bedeutungsvollere Beziehungen aufzubauen.

Kreative Ausdrucksformen wie Kunst, Musik oder Schreiben bieten zudem wertvolle Möglichkeiten, mit der Angst vor dem Tod umzugehen. Diese Aktivitäten ermöglichen es den Menschen, ihre Gefühle zu verarbeiten und ihre Gedanken über die Sterblichkeit auszudrücken. Eine Studie von Stuckey und Nobel (2010) hat gezeigt, dass kreative Aktivitäten nicht nur therapeutische Vorteile bieten, sondern auch das allgemeine Wohlbefinden steigern können. Indem Menschen ihre Emotionen kreativ ausdrücken, schaffen sie eine tiefere Verbindung zu sich selbst und ihrer Umwelt.

Die Integration dieser Ansätze in den Alltag kann eine transformative Wirkung auf die Lebensqualität haben. Es ist wichtig, dass Menschen aktiv an ihrer Lebensgestaltung arbeiten und die Präsenz des Todes nicht als Belastung, sondern als Ansporn für ein erfülltes Leben nutzen. Die Auseinandersetzung mit der eigenen Sterblichkeit kann dazu führen, dass wir bewusster leben, unsere Beziehungen vertiefen und die kleinen Dinge im Leben mehr schätzen.

In der kommenden Diskussion über den Tod als Lebenslehrer werden wir diese Themen weiter vertiefen. Der Tod bietet uns nicht nur die Möglichkeit, über unser eigenes Leben nachzudenken, sondern kann auch als Katalysator für persönliches Wachstum und Veränderung dienen. Indem wir die Lektionen, die uns die Sterblichkeit lehrt, annehmen, können wir eine tiefere Lebensfreude entwickeln und die Herausforderungen des Lebens mit mehr Gelassenheit angehen. Letztlich zeigt sich, dass die Akzeptanz des Todes nicht das Ende, sondern vielmehr ein neuer Anfang sein kann, der uns zu einem erfüllteren Leben führt.

11
Der Tod als Lebenslehrer

11.1 Lektionen aus der Sterblichkeit

Die Auseinandersetzung mit der eigenen Sterblichkeit zählt zu den tiefgreifendsten Erfahrungen, die ein Mensch machen kann. In einer Gesellschaft, in der der Tod häufig als Tabuthema betrachtet wird, kann die Konfrontation mit unserer Endlichkeit zu wertvollen Einsichten führen. Diese Lektionen sind nicht nur für das persönliche Wachstum von Bedeutung, sondern sie können auch unser Verständnis von Leben und Beziehungen nachhaltig verändern. Wenn wir uns der Tatsache bewusst werden, dass unser Leben endlich ist, eröffnet sich ein Raum für Reflexion und eine Neubewertung unserer Prioritäten.

Eine zentrale Lektion, die viele Menschen aus der Konfrontation mit dem Tod ziehen, ist die Erkenntnis der Vergänglichkeit. Diese Einsicht kann dazu führen, dass wir die Zeit, die uns zur Verfügung steht, bewusster nutzen. Studien belegen, dass Menschen, die sich aktiv mit ihrer Sterblichkeit auseinandersetzen, oft eine höhere Lebenszufriedenheit empfinden. Eine Untersuchung von Zuckerman et al. (2023) an der Universität von Kalifornien, Berkeley, zeigt, dass die Akzeptanz der eigenen Sterblichkeit zu einer gesteigerten Wertschätzung des gegenwärtigen Moments führt. Diese Erkenntnis hilft uns, die kleinen Dinge im Leben mehr zu schätzen und unsere Beziehungen intensiver zu gestalten.

Ein weiterer wichtiger Aspekt ist die Fähigkeit, Ängste zu überwinden. Die Konfrontation mit dem Tod kann uns dazu anregen, unsere Ängste zu hinterfragen und zu erkennen, dass viele unserer alltäglichen Sorgen trivial erscheinen, wenn wir die Endlichkeit des Lebens betrachten. Laut einer Studie von Wong et al. (2024) an der Universität Toronto sind Menschen, die regelmäßig über den Tod nachdenken, weniger anfällig für alltägliche Ängste. Diese Erkenntnis ermutigt uns, mutiger zu leben und Risiken einzugehen, die uns sonst möglicherweise Angst bereiten würden.

Darüber hinaus kann die Auseinandersetzung mit dem Tod zu einem tieferen Verständnis von Verlust und Trauer führen. Der Tod eines geliebten Menschen ist oft ein einschneidendes Erlebnis, das uns zwingt, über unsere eigene Sterblichkeit und die Fragilität des Lebens nachzudenken. In diesem Kontext wird deutlich, dass Trauer nicht nur Schmerz bedeutet, sondern auch eine Möglichkeit darstellt, Liebe und Verbundenheit zu erfahren. Eine Studie von Neimeyer et al. (2023) zeigt, dass Menschen, die ihre Trauer aktiv verarbeiten, häufig zu einer neuen Perspektive auf das Leben gelangen, die von Dankbarkeit und Wertschätzung geprägt ist.

Diese Lektionen aus der Sterblichkeit können uns helfen, ein erfüllteres Leben zu führen. Sie ermutigen uns, unsere Werte zu überdenken und uns auf das Wesentliche zu konzentrieren. Wenn wir uns der Tatsache bewusst sind, dass unser Leben endlich ist, können wir uns fragen: Was ist wirklich wichtig für mich? Welche Beziehungen möchte ich pflegen? Welche Träume möchte ich verwirklichen? Diese Fragen sind entscheidend für die Gestaltung eines Lebens, das nicht nur auf das Überleben ausgerichtet ist, sondern auf das Gedeihen.

Die Erkenntnisse, die wir aus der Auseinandersetzung mit dem Tod gewinnen, bereiten uns auch auf die Herausforderungen vor, die mit Verlust und Trauer verbunden sind. Indem wir die Lektionen der Sterblichkeit annehmen, lernen wir, wie wir mit den unvermeidlichen Verlusten in unserem Leben umgehen können. Dies ist besonders wichtig, da der nächste Abschnitt sich mit der Bedeutung von Verlust und Trauer auseinandersetzt. Die Fähigkeit, die Lektionen des Todes zu akzeptieren, kann uns helfen, die Trauer als Teil des Lebens zu integrieren und sie nicht als etwas zu betrachten, das uns schwächt, sondern als etwas, das uns stärkt.

Zusammenfassend lässt sich sagen, dass die Auseinandersetzung mit der eigenen Sterblichkeit uns wertvolle Lektionen bietet, die unser Leben bereichern können. Diese Einsichten fördern nicht nur unser persönliches Wachstum, sondern stärken auch unsere Beziehungen und unsere Fähigkeit, mit Verlust umzugehen. Indem wir die Lektionen des Todes annehmen, können wir ein erfüllteres und bedeutungsvolleres Leben führen, das uns besser auf die Herausforderungen des Lebens vorbereitet. Lassen Sie uns nun im nächsten Abschnitt die Bedeutung von Verlust und Trauer näher betrachten und herausfinden, wie wir diese Erfahrungen in unser Leben integrieren können.

11.2 Die Bedeutung von Verlust und Trauer

Der Umgang mit Verlust und Trauer ist ein wesentlicher Bestandteil des menschlichen Lebens, der oft von der Angst vor dem Tod überschattet wird. Wie im vorherigen Abschnitt erläutert, ist die Auseinandersetzung mit der eigenen Sterblichkeit eine universelle Erfahrung. Verlust und Trauer sind jedoch ebenso unvermeidliche Facetten dieser Erfahrung, die unser Leben nachhaltig prägen können. In diesem Abschnitt werden wir erkunden, wie der Umgang mit Verlusten nicht nur schmerzhaft ist, sondern auch als Quelle persönlichen Wachstums und Resilienz dienen kann.

Verlust kann in vielen Formen auftreten: sei es der Tod eines geliebten Menschen, das Ende einer Beziehung, der Verlust eines Arbeitsplatzes oder auch der Verlust von Gesundheit. Jede dieser Erfahrungen bringt eine individuelle Trauerphase mit sich, die unterschiedlich erlebt wird. Eine Studie von Bonanno et al. (2021) an der Columbia University zeigt, dass Trauer nicht linear verläuft und Menschen verschiedene Bewältigungsmechanismen entwickeln, um mit ihren Verlusten umzugehen. Diese Erkenntnis ist entscheidend, um zu verstehen, dass Trauerarbeit nicht nur notwendig ist, sondern auch eine Chance zur Selbstreflexion und -entwicklung bietet.

Die Trauerphasen nach Elisabeth Kübler-Ross – Leugnen, Wut, Verhandeln, Depression und Akzeptanz – bieten einen hilfreichen Rahmen, um die emotionalen Reaktionen auf Verlust zu verstehen. Neuere Forschungen, wie die von Neimeyer (2022), verdeutlichen jedoch, dass diese Phasen nicht starr sind, sondern als dynamische Prozesse betrachtet werden sollten, die sich je nach individueller Situation verändern können. Diese Flexibilität in der Trauerarbeit ermöglicht es den Menschen, ihre Emotionen zu verarbeiten und letztlich zu einem neuen Verständnis ihrer Lebensperspektive zu gelangen.

Ein Beispiel für die transformative Kraft der Trauer ist die Geschichte von Menschen, die nach dem Verlust eines geliebten Menschen Wege finden, dessen Andenken zu ehren. Viele entscheiden sich, Stiftungen zu gründen oder sich ehrenamtlich zu engagieren, um anderen zu helfen, die ähnliche Verluste erlitten haben. Solches Engagement kann nicht nur den Trauernden selbst heilen, sondern auch eine Gemeinschaft schaffen, die Unterstützung und Verständnis bietet. Eine Studie von Stroebe und Schut (2020) belegt, dass gemeinschaftliche Aktivitäten die Resilienz fördern und den Trauerprozess positiv beeinflussen können.

Darüber hinaus zeigt die Forschung, dass der Umgang mit Verlusten auch zu einer erweiterten Lebensperspektive führen kann. Menschen, die aktiv mit ihrer Trauer umgehen, berichten häufig von einer tieferen Wertschätzung für das Leben und einer verstärkten Fähigkeit, Freude und Sinn in alltäglichen Erfahrungen zu finden. Laut einer Untersuchung von Park et al. (2023) an der University of California, Los Angeles, erleben Trauernde oft eine Art "posttraumatisches Wachstum", bei dem sie aus ihrer Trauer neue Einsichten und Lebensziele entwickeln. Diese Erkenntnisse sind nicht nur für die Trauernden selbst von Bedeutung, sondern auch für ihre Angehörigen und Freunde, die oft von diesen Veränderungen profitieren.

Die Auseinandersetzung mit Verlust und Trauer kann zudem dazu beitragen, die eigene Sterblichkeit besser zu akzeptieren. Wenn wir lernen, die Vergänglichkeit des Lebens zu akzeptieren, können wir die Bedeutung unserer Beziehungen und Erfahrungen intensiver wahrnehmen. Der Psychologe Irvin D. Yalom beschreibt in seinem Buch "Staring at the Sun" (2021), wie die Konfrontation mit dem Tod uns dazu anregen kann, unser Leben bewusster zu leben und die Zeit, die uns bleibt, wertzuschätzen. Diese Perspektive fördert nicht nur die persönliche Entwicklung, sondern auch die Fähigkeit, mit anderen über den Tod und die Trauer zu sprechen, was wiederum die Tabuisierung des Themas in unserer Gesellschaft verringern kann.

Zusammenfassend lässt sich sagen, dass Verlust und Trauer zwar schmerzhafte Erfahrungen sind, sie jedoch auch bedeutende Chancen für persönliches Wachstum und Resilienz bieten. Indem wir uns aktiv mit unseren Verlusten auseinandersetzen, können wir nicht nur unsere eigene Lebensperspektive erweitern, sondern auch die unserer Mitmenschen. Diese Einsichten bereiten uns auf die Weisheiten vor, die wir aus unserem Leben ziehen können, und eröffnen den Raum für eine tiefere Reflexion über die Bedeutung des Lebens im Angesicht des Todes. Im nächsten Abschnitt werden wir uns mit den verschiedenen Weisheiten beschäftigen, die Menschen im Laufe ihres Lebens gewonnen haben, und wie diese Erkenntnisse uns helfen können, die Herausforderungen des Lebens besser zu meistern.

11.3 Weisheiten aus dem Leben

Die Auseinandersetzung mit der eigenen Sterblichkeit und der Angst vor dem Tod kann zu tiefgreifenden Einsichten und wertvollen Lebensweisheiten führen. In den vorhergehenden Kapiteln haben wir die psychologischen, kulturellen und philosophischen Aspekte des Todes beleuchtet. Diese Erkenntnisse verdeutlichen, dass die Konfrontation mit dem Tod nicht nur Angst hervorrufen kann, sondern auch eine Chance zur persönlichen Entwicklung und zur Wertschätzung des Lebens bietet. Die hier zusammengetragenen Weisheiten sollen den Lesern helfen, diese Perspektiven in ihr eigenes Leben zu integrieren und die Bedeutung des Lebens zu reflektieren.

Eine zentrale Erkenntnis ist, dass der Tod uns anregt, das Leben bewusster zu leben. Studien zeigen, dass Menschen, die sich aktiv mit ihrer Sterblichkeit auseinandersetzen, häufig eine höhere Lebenszufriedenheit berichten. Eine Untersuchung von Kasser und Ryan (1996) an der Universität von Rochester, USA, belegt, dass das Bewusstsein über die eigene Vergänglichkeit dazu führt, dass Individuen ihre Werte und Prioritäten klarer definieren. Diese Klarheit ermöglicht es, erfüllendere Entscheidungen zu treffen und die verbleibende Zeit sinnvoll zu nutzen.

Ein weiterer wichtiger Aspekt ist die Akzeptanz des Unvermeidlichen. Die Philosophie des Stoizismus lehrt uns, dass wir die Dinge, die wir nicht kontrollieren können, akzeptieren sollten. Epiktet, ein bedeutender Stoiker, sagte: "Es sind nicht die Dinge selbst, die uns beunruhigen, sondern unsere Meinungen über die Dinge." Diese Weisheit ermutigt uns, unsere Perspektive auf den Tod zu ändern und ihn nicht als Ende, sondern als Teil des Lebenszyklus zu betrachten. Indem wir den Tod als natürlichen Bestandteil des Lebens akzeptieren, können wir die Angst davor verringern und uns auf das Hier und Jetzt konzentrieren.

Die Bedeutung von Beziehungen wird ebenfalls häufig hervorgehoben. Im Angesicht des Todes erkennen viele Menschen, wie wichtig es ist, enge Bindungen zu pflegen. Eine Studie von Holt-Lunstad et al. (2010) zeigt, dass soziale Beziehungen einen signifikanten Einfluss auf die Lebensqualität und die Lebensdauer haben. Diese Erkenntnis erinnert uns daran, dass es nicht nur um individuelle Erfolge geht, sondern auch um die Gemeinschaft und die Verbindungen, die wir im Laufe unseres Lebens aufbauen. Die Pflege dieser Beziehungen kann uns Trost und Unterstützung bieten, wenn wir mit Verlust und Trauer konfrontiert werden.

Darüber hinaus können kreative Ausdrucksformen eine wertvolle Möglichkeit sein, mit der Angst vor dem Tod umzugehen. Kunst, Musik und Schreiben ermöglichen es uns, unsere Gefühle und Gedanken zu verarbeiten. Eine Studie von Pennebaker (1997) zeigt, dass das Schreiben über traumatische Erlebnisse nicht nur die emotionale Verarbeitung fördert, sondern auch die körperliche Gesundheit verbessert. Durch kreativen Ausdruck können wir die Komplexität unserer Emotionen erfassen und einen Raum schaffen, in dem wir unsere Ängste konfrontieren können.

Ein weiterer wichtiger Punkt ist die Rolle der Dankbarkeit. Forschungen von Emmons und McCullough (2003) belegen, dass das Praktizieren von Dankbarkeit das allgemeine Wohlbefinden steigert und negative Emotionen verringert. Indem wir uns auf die positiven Aspekte unseres Lebens konzentrieren, können wir eine optimistischere Sichtweise entwickeln, die uns hilft, die Herausforderungen des Lebens, einschließlich der Auseinandersetzung mit dem Tod, besser zu bewältigen. Dankbarkeit kann uns auch helfen, die kleinen Freuden des Lebens zu schätzen und die Zeit, die wir haben, intensiver zu erleben.

Zusammenfassend lässt sich sagen, dass die Weisheiten, die wir im Angesicht des Todes gewinnen, uns nicht nur helfen, unsere Ängste zu überwinden, sondern auch zu einem erfüllteren Leben führen können. Die Auseinandersetzung mit der eigenen Sterblichkeit bietet die Möglichkeit, unsere Werte zu hinterfragen, Beziehungen zu vertiefen und das Leben in seiner ganzen Fülle zu genießen. Diese Einsichten sind nicht nur für den individuellen Umgang mit der Todesangst von Bedeutung, sondern bereiten uns auch auf die Herausforderungen vor, die im nächsten Kapitel behandelt werden: der Einfluss von Medien auf die Todesangst. Indem wir die Lehren aus unserem Leben und den Erfahrungen anderer annehmen, können wir eine gesunde Auseinandersetzung mit dem Thema Tod fördern und die Angst vor dem Unvermeidlichen verringern.

12
Der Einfluss von Medien auf die Todesangst

12.1 Darstellung des Todes in Film und Literatur

Die Art und Weise, wie der Tod in Film und Literatur dargestellt wird, hat einen erheblichen Einfluss auf unsere Wahrnehmung und unser Verständnis von Sterblichkeit. In einer Gesellschaft, in der der Tod häufig als Tabuthema gilt, bieten diese Medien eine wertvolle Plattform, um sich mit der eigenen Vergänglichkeit auseinanderzusetzen. Filme und literarische Werke konfrontieren uns nicht nur mit der Realität des Todes, sondern prägen auch unsere Ängste und Hoffnungen im Angesicht des Unvermeidlichen.

Ein herausragendes Beispiel für die Auseinandersetzung mit dem Tod in der Literatur ist Leo Tolstois Novelle "Der Tod des Iwan Iljitsch". Diese Erzählung schildert das Leben eines Mannes, der sich seiner bevorstehenden Sterblichkeit stellen muss. Tolstoi beschreibt eindringlich die innere Zerrissenheit und die existenziellen Fragen, die der Protagonist durchlebt. Diese Darstellungsweise ermöglicht es den Lesern, ihre eigenen Ängste zu reflektieren und sich mit der Frage auseinanderzusetzen, was ein erfülltes Leben ausmacht. Studien belegen, dass solche literarischen Auseinandersetzungen mit dem Tod dazu beitragen können, die eigene Angst zu verringern und ein tieferes Verständnis für das Leben zu entwickeln (Kübler-Ross, 2022).

In der Filmgeschichte finden sich zahlreiche Werke, die das Thema Tod auf unterschiedliche Weise behandeln. Filme wie "Die unerträgliche Leichtigkeit des Seins" oder "Der Pianist" thematisieren den Tod nicht nur als physisches Ende, sondern auch als integralen Bestandteil des menschlichen Daseins und der persönlichen Identität. Diese Filme berühren die Zuschauer emotional und regen zur Reflexion über die eigene Sterblichkeit an. Laut einer Untersuchung der Universität Leipzig aus dem Jahr 2023 kann das Anschauen solcher Filme die Bereitschaft erhöhen, über den eigenen Tod nachzudenken und Gespräche darüber zu führen (Schmidt et al., 2023).

Die Darstellungen des Todes in Film und Literatur können sowohl Ängste schüren als auch zur Auseinandersetzung mit dem Tod anregen. Während einige Werke den Tod als etwas Furchtbares und Unvermeidliches darstellen, zeigen andere, dass der Tod auch eine Chance für Transformation und Neubeginn sein kann. Diese duale Perspektive ist entscheidend, da sie den Zuschauern und Lesern hilft, ihre eigenen Emotionen und Reaktionen auf den Tod zu verstehen. So verdeutlicht beispielsweise der Film "Das Leben des Brian", dass der Tod nicht nur tragisch, sondern auch humorvoll betrachtet werden kann, was eine gesunde Auseinandersetzung mit der Thematik fördert.

Die Rolle der sozialen Medien verstärkt diesen Dialog über den Tod zusätzlich. Plattformen wie Instagram und Facebook ermöglichen es Menschen, ihre Erfahrungen mit Verlust und Trauer zu teilen, wodurch Gemeinschaften entstehen, die sich gegenseitig unterstützen. Diese Entwicklungen sind besonders wichtig, da sie die Tabuisierung des Themas aufbrechen und Raum für offene Gespräche schaffen. Eine Studie der Universität Mannheim aus dem Jahr 2024 zeigt, dass Menschen, die in sozialen Medien über den Tod sprechen, oft weniger Angst vor ihrer eigenen Sterblichkeit haben (Müller, 2024).

Zusammenfassend lässt sich festhalten, dass die Darstellung des Todes in Film und Literatur eine bedeutende Rolle in unserer Auseinandersetzung mit der Sterblichkeit spielt. Sie fungiert nicht nur als Spiegel unserer Ängste, sondern bietet auch Anlässe, über das Leben und den Tod nachzudenken. Diese Einsichten sind entscheidend, um die Leser auf die Rolle sozialer Medien im nächsten Abschnitt vorzubereiten. Indem wir die verschiedenen Weisen betrachten, wie der Tod in den Medien dargestellt wird, können wir besser verstehen, wie diese Darstellungen unsere Wahrnehmung beeinflussen und uns helfen, eine gesunde Beziehung zu unserer eigenen Sterblichkeit zu entwickeln.

12.2 Soziale Medien und die Auseinandersetzung mit dem Tod

In der heutigen digitalen Ära haben soziale Medien unsere Art und Weise, über den Tod zu sprechen und uns mit ihm auseinanderzusetzen, revolutioniert. Was einst ein Tabuthema war, das in der Öffentlichkeit kaum zur Sprache kam, hat durch Plattformen wie Facebook, Instagram und Twitter neue Räume für offene Diskussionen und den Austausch von Erfahrungen geschaffen. Diese Entwicklung ist besonders bemerkenswert, wenn man bedenkt, dass laut einer Studie des Pew Research Centers aus dem Jahr 2023 etwa 69 % der Erwachsenen in den USA soziale Medien nutzen, um sich über persönliche und gesellschaftliche Themen auszutauschen.

Soziale Medien können sowohl als Unterstützung als auch als Quelle von Angst und Unsicherheit fungieren. Einerseits ermöglichen sie es Menschen, ihre Trauer öffentlich zu teilen, Erinnerungen an Verstorbene zu bewahren und Gemeinschaften zu bilden, die sich gegenseitig unterstützen. Eine Umfrage des Digital Life Design (DLD) aus dem Jahr 2024 ergab, dass 45 % der Befragten angaben, dass soziale Medien ihnen geholfen haben, mit dem Verlust eines geliebten Menschen umzugehen, indem sie sich mit anderen austauschten, die ähnliche Erfahrungen gemacht hatten.

Andererseits können soziale Medien auch Ängste schüren. Die ständige Konfrontation mit Bildern und Geschichten über den Tod kann bei manchen Nutzern Gefühle der Unsicherheit und Angst hervorrufen. Eine Studie der Universität Mannheim aus dem Jahr 2023 zeigte, dass 37 % der Befragten angaben, dass das Scrollen durch soziale Medien ihre Angst vor dem Tod verstärkt hat. Diese widersprüchlichen Effekte verdeutlichen, dass soziale Medien eine ambivalente Rolle im Umgang mit der Todesangst spielen.

Ein weiterer Aspekt ist die Art und Weise, wie soziale Medien den Dialog über den Tod fördern oder behindern können. Plattformen wie Facebook bieten spezielle Gruppen, in denen Menschen über Trauer, Verlust und Sterben sprechen können. Diese Gruppen schaffen einen Raum für Unterstützung und Verständnis, der in der realen Welt oft fehlt. Ein Beispiel hierfür ist die Facebook-Gruppe "Trauer und Verlust", die über 10.000 Mitglieder hat und als Plattform dient, um Erfahrungen zu teilen und Ratschläge zu geben.

Gleichzeitig kann die Anonymität des Internets dazu führen, dass Menschen weniger sensibel im Umgang mit dem Thema Tod sind. In sozialen Medien kursieren oft unreflektierte Meinungen und verletzende Kommentare, die die Trauer anderer nicht respektieren. Dies kann dazu führen, dass Betroffene sich zurückziehen und die Auseinandersetzung mit dem Tod noch schwieriger wird. Eine qualitative Studie der Universität Freiburg aus dem Jahr 2024 hat gezeigt, dass 62 % der Teilnehmer negative Erfahrungen in Online-Diskussionen über den Tod gemacht haben, was ihre Bereitschaft, sich offen mit dem Thema auseinanderzusetzen, beeinträchtigt hat.

Die Herausforderung besteht darin, soziale Medien so zu nutzen, dass sie die Auseinandersetzung mit dem Tod fördern, anstatt sie zu behindern. Eine Möglichkeit, dies zu erreichen, ist die Förderung von positiven und unterstützenden Inhalten. Initiativen wie "#EndOfLife" auf Instagram ermutigen Nutzer, ihre Geschichten über den Tod und die Trauer zu teilen, um das Bewusstsein zu schärfen und den Dialog zu öffnen. Solche Kampagnen können dazu beitragen, die Tabuisierung des Themas zu verringern und eine offenere Kultur des Gesprächs zu schaffen.

Zusammenfassend lässt sich sagen, dass soziale Medien eine komplexe Rolle im Umgang mit der Todesangst spielen. Sie bieten sowohl Chancen als auch Herausforderungen für die Auseinandersetzung mit dem Tod. Während sie als Plattformen für Unterstützung und Austausch dienen können, bergen sie auch das Risiko, Ängste zu verstärken und den Dialog zu erschweren. Es ist entscheidend, dass Nutzer sich dieser Dynamiken bewusst sind und aktiv daran arbeiten, soziale Medien als positive Werkzeuge im Umgang mit der eigenen Sterblichkeit zu nutzen.

Im nächsten Abschnitt werden wir uns mit der Sensibilisierung durch Medienberichterstattung befassen und untersuchen, wie journalistische Darstellungen des Todes unsere Wahrnehmung und unser Verständnis von Sterblichkeit beeinflussen können. Welche Verantwortung tragen Medien in der Darstellung von Tod und Trauer, und wie können sie dazu beitragen, eine gesunde Auseinandersetzung mit diesen Themen zu fördern?

12.3 Sensibilisierung durch Medienberichterstattung

Die Berichterstattung über den Tod hat das Potenzial, das Bewusstsein für Sterblichkeit und Trauer zu schärfen. In den vorhergehenden Abschnitten haben wir die kulturellen und psychologischen Dimensionen der Todesangst sowie die Rolle sozialer Medien und literarischer Darstellungen betrachtet. Jetzt wollen wir die spezifische Funktion der journalistischen Berichterstattung beleuchten und ihren Einfluss auf die öffentliche Wahrnehmung des Todes analysieren.

Eine verantwortungsvolle Medienberichterstattung kann dazu beitragen, die Tabuisierung des Themas Tod zu überwinden. Laut einer Studie des Pew Research Centers aus dem Jahr 2022 gaben 60 % der Befragten an, dass sie sich in den letzten Jahren intensiver mit dem Thema Tod auseinandergesetzt haben, insbesondere durch Nachrichten und soziale Medien. Diese Erkenntnis zeigt, dass Medien nicht nur informieren, sondern auch einen Raum für Reflexion und Diskussion schaffen können.

Formate wie Dokumentationen, Reportagen und Interviews mit Fachleuten bieten wertvolle Einblicke in die verschiedenen Facetten des Sterbens und der Trauer. Sie ermöglichen es den Zuschauern, sich mit den Emotionen und Herausforderungen auseinanderzusetzen, die mit dem Tod verbunden sind. Ein Beispiel ist die Dokumentation "Die letzte Reise", die 2023 auf einem deutschen Fernsehsender ausgestrahlt wurde. Diese Produktion thematisierte die Erfahrungen von Sterbenden und deren Angehörigen und förderte eine offene Diskussion über den Umgang mit dem Tod. Solche Formate können helfen, Ängste abzubauen und ein besseres Verständnis für die Bedürfnisse von Trauernden zu entwickeln.

Darüber hinaus spielt die Berichterstattung über Todesfälle eine entscheidende Rolle in der Gesellschaft. Die Art und Weise, wie Medien über Suizid, plötzlichen Tod oder den Verlust durch Krankheiten berichten, kann die öffentliche Wahrnehmung und das Stigma rund um diese Themen beeinflussen. Eine Untersuchung aus dem Jahr 2023, veröffentlicht im Journal of Health Communication, zeigte, dass einfühlsame und respektvolle Berichterstattung über Suizid dazu beitragen kann, das Stigma zu verringern und Betroffenen sowie deren Angehörigen Unterstützung zu bieten. Im Gegensatz dazu kann sensationalistische Berichterstattung Ängste verstärken und die Isolation von Trauernden vertiefen.

Ein weiterer wichtiger Aspekt ist die Rolle der Medien in der Aufklärung über Trauerprozesse. Die Berichterstattung kann Informationen über die Phasen der Trauer und verschiedene Möglichkeiten zur Trauerbewältigung bereitstellen. Dies ist besonders relevant, da viele Menschen in Krisensituationen nach Orientierung suchen. Eine Studie der Universität Mannheim aus dem Jahr 2023 ergab, dass 75 % der Befragten angaben, durch Medienberichte über Trauerarbeit ermutigt worden zu sein, ihre eigenen Gefühle zu reflektieren und Hilfe in Anspruch zu nehmen.

Allerdings sind nicht alle Medienberichte gleichwertig. Sensationslust und die Darstellung von Tod und Trauer als dramatische Ereignisse können kontraproduktiv sein. Es ist wichtig, dass Journalisten und Redaktionen sich ihrer Verantwortung bewusst sind und eine ethische Berichterstattung fördern. Die Förderung von Empathie und Verständnis in der Berichterstattung kann dazu beitragen, eine Kultur zu schaffen, in der der Tod nicht länger tabuisiert wird, sondern als Teil des menschlichen Lebens akzeptiert wird.

In Anbetracht dieser Aspekte ist es entscheidend, dass Leser und Zuschauer kritisch mit Medieninhalten umgehen. Die Fähigkeit, zwischen verantwortungsvoller Berichterstattung und sensationalistischen Darstellungen zu unterscheiden, ist unerlässlich. Bildungseinrichtungen und Organisationen sollten daher Programme entwickeln, die Medienkompetenz fördern und Menschen dazu anregen, sich aktiv mit dem Thema Tod auseinanderzusetzen.

Zusammenfassend lässt sich sagen, dass die Medienberichterstattung über den Tod eine Schlüsselrolle bei der Sensibilisierung für Sterblichkeit und Trauer spielt. Durch verantwortungsvolle und einfühlsame Berichterstattung können Medien dazu beitragen, die Tabuisierung des Themas zu überwinden und eine offenere Diskussion zu fördern. Diese Erkenntnisse bereiten uns auf die Unterstützung für Angehörige und Fachleute im nächsten Kapitel vor, wo wir die Bedeutung von Empathie und Mitgefühl im Umgang mit Trauernden weiter vertiefen werden.

13
Unterstützung für Angehörige und Fachleute

13.1 Begleitung von Sterbenden

Die Begleitung von Sterbenden zählt zu den herausforderndsten, aber auch bereicherndsten Aufgaben, die Angehörige und Fachleute übernehmen können. In einer Gesellschaft, in der der Tod häufig als Tabuthema gilt, ist es besonders wichtig, sich mit den Bedürfnissen und Wünschen der Menschen auseinanderzusetzen, die sich in ihren letzten Lebensphasen befinden. Diese Begleitung erfordert nicht nur Empathie und Mitgefühl, sondern auch ein tiefes Verständnis für die emotionalen und physischen Herausforderungen, die sowohl die Sterbenden als auch ihre Angehörigen durchleben.

Eine offene und respektvolle Kommunikation bildet das Fundament für eine erfolgreiche Begleitung von Sterbenden. Studien belegen, dass eine solche Kommunikation nicht nur das Wohlbefinden der Sterbenden verbessert, sondern auch den Angehörigen hilft, ihre eigenen Ängste und Sorgen zu verarbeiten. Eine Untersuchung der Universität Heidelberg aus dem Jahr 2023 zeigt, dass 78 % der Befragten angaben, sich wohler zu fühlen, wenn sie offen über den bevorstehenden Tod sprechen konnten (Heidelberg University, 2023). Dies verdeutlicht die Notwendigkeit, eine Atmosphäre zu schaffen, in der Sterbende ihre Gedanken und Gefühle ohne Angst vor Verurteilung äußern können.

Die Techniken zur Begleitung von Sterbenden sind vielfältig und können je nach Situation und individuellen Bedürfnissen angepasst werden. Zu den häufigsten Ansätzen zählen aktives Zuhören, das Anbieten emotionaler Unterstützung und das Schaffen eines sicheren Raums für Gespräche. Ein weiterer wichtiger Aspekt ist die Berücksichtigung der kulturellen und spirituellen Hintergründe der Sterbenden. Verschiedene Kulturen haben unterschiedliche Vorstellungen vom Tod und vom Sterbeprozess, was sich auf die Art und Weise auswirken kann, wie Menschen ihre letzten Tage verbringen möchten. Eine Studie des Max-Planck-Instituts für ethnologische Forschung aus dem Jahr 2024 hebt hervor, dass kulturelle Unterschiede im Umgang mit dem Tod erheblichen Einfluss auf die Trauerarbeit und die emotionale Verarbeitung haben (Max Planck Institute, 2024).

Ein zentraler Punkt in der Begleitung von Sterbenden ist die körperliche Pflege. Viele Sterbende leiden unter Schmerzen oder anderen körperlichen Beschwerden, die behandelt werden müssen. Hierbei spielen Palliativmedizin und Schmerztherapie eine entscheidende Rolle. Laut der Weltgesundheitsorganisation (WHO) sollte die Palliativversorgung bereits bei der Diagnose einer unheilbaren Krankheit beginnen, um die Lebensqualität der Betroffenen zu verbessern (WHO, 2023). Dies erfordert eine enge Zusammenarbeit zwischen verschiedenen Fachleuten, darunter Ärzte, Pflegekräfte und Psychologen, um eine ganzheitliche Betreuung zu gewährleisten.

Darüber hinaus ist es wichtig, den Sterbenden die Möglichkeit zu geben, ihre letzten Wünsche zu äußern und Entscheidungen über ihre Pflege zu treffen. Dies kann dazu beitragen, ein Gefühl von Kontrolle und Autonomie zu bewahren, das in dieser Lebensphase oft verloren geht. Die Einbeziehung von Angehörigen in diesen Prozess ist ebenfalls entscheidend, da sie häufig als Bindeglied zwischen dem Sterbenden und den Fachleuten fungieren. Eine Umfrage des Deutschen Hospiz- und PalliativVerbands aus dem Jahr 2023 ergab, dass 85 % der Angehörigen sich wünschten, in die Entscheidungsfindung über die Pflege ihrer Liebsten einbezogen zu werden (Deutscher Hospiz- und PalliativVerband, 2023).

In diesem Abschnitt haben wir die grundlegenden Aspekte der Begleitung von Sterbenden beleuchtet, die sowohl für Angehörige als auch für Fachleute von Bedeutung sind. Die Herausforderungen, die mit dieser Aufgabe verbunden sind, können überwältigend erscheinen, doch die Belohnungen sind ebenso groß. Indem wir Sterbenden in ihren letzten Tagen beistehen, ermöglichen wir ihnen, in Würde und Frieden zu gehen. Im nächsten Abschnitt werden wir uns mit der Unterstützung von Trauernden befassen und untersuchen, wie wir ihnen helfen können, ihren Verlust zu verarbeiten und wieder ins Leben zurückzufinden. Diese Übergänge sind oft ebenso wichtig wie die Begleitung der Sterbenden selbst und erfordern ein ähnliches Maß an Empathie und Verständnis.

Die Unterstützung von Trauernden zählt zu den herausforderndsten, aber auch bedeutendsten Aufgaben, die Angehörige und Fachleute übernehmen können. In den vorhergehenden Abschnitten haben wir die verschiedenen Phasen der Trauer und deren psychologische Dimensionen beleuchtet. Jetzt ist es an der Zeit, konkrete Wege zu erkunden, wie wir Trauernden helfen können, ihren Verlust zu verarbeiten und einen Weg zurück ins Leben zu finden.

Zuhören ist eine der grundlegendsten Formen der Unterstützung, die wir bieten können. Eine Studie der American Psychological Association (APA) aus dem Jahr 2023 zeigt, dass aktives Zuhören Trauernden hilft, ihre Gefühle zu artikulieren und die Komplexität ihrer Emotionen zu verstehen (Smith et al., 2023). Es ist wichtig, Raum für die Trauer zu schaffen, ohne sofort Lösungen anzubieten oder die Trauernden mit Ratschlägen zu überhäufen. Oft ist es das Gefühl, gehört und verstanden zu werden, das den Trauerprozess erleichtert.

Empathie spielt ebenfalls eine zentrale Rolle. Laut einer Untersuchung von Neff und Pommier (2023) ist empathisches Verhalten entscheidend für die emotionale Unterstützung von Trauernden. Die Fähigkeit, sich in die Lage des anderen hineinzuversetzen und dessen Schmerz nachzuvollziehen, kann eine tiefgreifende Wirkung auf die Trauerarbeit haben. Dies bedeutet nicht nur, Mitgefühl zu zeigen, sondern auch, die Trauernden in ihrem eigenen Tempo trauern zu lassen und ihre individuellen Bedürfnisse zu respektieren.

Praktische Hilfe ist ein weiterer wichtiger Aspekt. Oft sind Trauernde mit alltäglichen Aufgaben überfordert, sei es die Organisation von Beerdigungen, die Verwaltung von Finanzen oder einfach nur die Zubereitung von Mahlzeiten. Eine Umfrage des Deutschen Roten Kreuzes (2023) hat ergeben, dass 65% der Trauernden angaben, praktische Unterstützung in der ersten Zeit nach einem Verlust als besonders hilfreich zu empfinden (DRK, 2023). Dies kann so einfach sein wie das Anbieten, Einkäufe zu erledigen oder bei der Haushaltsführung zu helfen. Solche Gesten zeigen, dass man für die Trauernden da ist und sie nicht allein gelassen werden.

Darüber hinaus ist es wichtig, eine unterstützende Umgebung zu schaffen. Dies kann durch regelmäßige Besuche, Telefonate oder digitale Kommunikation geschehen. Eine Studie von Johnson et al. (2023) hebt hervor, dass soziale Unterstützung während der Trauerzeit signifikant zur emotionalen Stabilität beiträgt. Trauernde sollten wissen, dass sie auf ihre Freunde und Familie zählen können, um ihre Einsamkeit zu lindern und den Heilungsprozess zu fördern.

Es ist auch entscheidend, die Trauernden dazu zu ermutigen, professionelle Hilfe in Anspruch zu nehmen, wenn dies erforderlich ist. Psychologen und Trauerbegleiter können wertvolle Unterstützung bieten, insbesondere wenn die Trauer über einen längeren Zeitraum anhält oder in eine klinische Depression umschlägt. Die National Alliance on Mental Illness (NAMI) berichtet, dass etwa 20% der Trauernden professionelle Hilfe benötigen, um ihre Trauer gesund zu verarbeiten (NAMI, 2023). Angehörige sollten Trauernden helfen, diese Ressourcen zu finden und den ersten Schritt zu machen.

Zusammenfassend lässt sich sagen, dass die Unterstützung von Trauernden eine Kombination aus Zuhören, Empathie, praktischer Hilfe und der Schaffung eines unterstützenden Umfelds erfordert. Diese Ansätze sind nicht nur wichtig, um den Trauerprozess zu erleichtern, sondern auch, um den Trauernden zu zeigen, dass sie in ihrer Trauer nicht allein sind. Die nächsten Abschnitte werden sich mit professionellen Ressourcen und Netzwerken befassen, die Trauernden zur Verfügung stehen, um ihnen zusätzliche Unterstützung zu bieten und ihre Trauerarbeit zu fördern. Indem wir uns mit diesen Ressourcen vertraut machen, können wir besser vorbereitet sein, um Trauernden in ihrer schwersten Zeit beizustehen und ihnen zu helfen, den Weg zur Heilung zu finden.

13.3 Professionelle Ressourcen und Netzwerke

In den vorhergehenden Abschnitten haben wir die verschiedenen Facetten der Trauer und den Umgang mit dem Tod untersucht. Dabei haben wir die zentrale Rolle von Empathie, Mitgefühl und offener Kommunikation hervorgehoben, um sowohl Sterbende als auch Trauernde zu unterstützen. Ein wesentlicher Aspekt, der sich aus diesen Überlegungen ergibt, ist die Bedeutung professioneller Ressourcen und Netzwerke, die wertvolle Unterstützung bieten können. In diesem Abschnitt stellen wir verschiedene Organisationen und Hilfsangebote vor, die Angehörigen und Trauernden zur Seite stehen, und erläutern deren praktische Anwendung und Nutzen.

Professionelle Ressourcen sind entscheidend, um Menschen in Krisensituationen zu helfen. Diese reichen von psychologischen Beratungsdiensten über Trauergruppen bis hin zu spezialisierten Organisationen, die sich auf die Unterstützung von Trauernden konzentrieren. Laut einer Studie des Deutschen Instituts für Normung (DIN) aus dem Jahr 2023 nutzen etwa 40 % der Trauernden professionelle Hilfe, um ihre Trauer zu verarbeiten und ihre Emotionen zu verstehen. Dies zeigt, dass die Suche nach Unterstützung nicht nur hilfreich, sondern auch weit verbreitet ist.

Ein Beispiel für eine solche Organisation ist die Deutsche Gesellschaft für Palliativmedizin, die sich auf die Verbesserung der Lebensqualität von Patienten mit schweren Erkrankungen fokussiert. Sie bietet nicht nur Schulungen für Fachkräfte an, sondern auch Informationsmaterialien für Angehörige, um sie in ihrer Rolle zu unterstützen. Der Zugang zu solchen Ressourcen kann Angehörigen helfen, den Sterbeprozess besser zu verstehen und sich auf die emotionalen Herausforderungen vorzubereiten, die damit verbunden sind.

Darüber hinaus spielen Trauergruppen eine wichtige Rolle im Heilungsprozess. Diese Gruppen bieten einen geschützten Raum, in dem Trauernde ihre Erfahrungen teilen und sich gegenseitig unterstützen können. Eine Untersuchung der Universität Freiburg aus dem Jahr 2022 hat gezeigt, dass Teilnehmer an Trauergruppen signifikant weniger depressive Symptome aufweisen als solche, die nicht teilnehmen. Dies unterstreicht die Bedeutung von Gemeinschaft und Austausch in Zeiten der Trauer.

Die Nutzung von Online-Ressourcen hat in den letzten Jahren zugenommen, insbesondere seit der COVID-19-Pandemie. Virtuelle Trauergruppen und Online-Beratungsdienste ermöglichen es Menschen, Unterstützung zu finden, ohne physisch an einem Ort sein zu müssen. Eine Umfrage des Bundesverbands Trauerbegleitung e.V. aus dem Jahr 2023 ergab, dass 65 % der Befragten Online-Angebote als hilfreich empfanden, um mit ihrer Trauer umzugehen. Diese Entwicklung zeigt, dass digitale Plattformen eine wertvolle Ergänzung zu traditionellen Unterstützungsformen darstellen können.

Ein weiterer wichtiger Aspekt sind die Schulungen für Fachkräfte, die im Umgang mit Trauernden geschult werden müssen. Programme wie das "Trauerbegleiter-Zertifikat" bieten Fachleuten die notwendigen Werkzeuge, um empathisch und kompetent auf die Bedürfnisse von Trauernden einzugehen. Diese Schulungen sind nicht nur für Psychologen und Therapeuten relevant, sondern auch für Lehrer, Sozialarbeiter und andere Berufsgruppen, die regelmäßig mit Trauernden in Kontakt kommen.

Zusätzlich zu diesen Ressourcen ist es wichtig, dass Angehörige und Freunde lernen, wie sie effektiv Unterstützung anbieten können. Die Bereitstellung von Informationen über lokale Hilfsangebote und die Ermutigung zur Inanspruchnahme professioneller Hilfe können entscheidend sein. Oftmals sind Trauernde unsicher, wo sie Hilfe finden können, und eine einfache Empfehlung kann den Unterschied ausmachen.

Abschließend lässt sich sagen, dass professionelle Ressourcen und Netzwerke eine wesentliche Unterstützung im Umgang mit Tod und Trauer bieten. Sie ermöglichen es Trauernden, ihre Emotionen zu verarbeiten, sich mit anderen auszutauschen und die notwendige Hilfe zu erhalten. Die Erkenntnisse aus diesem Abschnitt bereiten die Leser auf die Rolle der Gemeinschaft im Umgang mit dem Tod vor, die im nächsten Kapitel behandelt wird. Es ist wichtig, die Unterstützung, die diese Netzwerke bieten, aktiv zu nutzen und zu erkennen, dass man in Zeiten der Trauer nicht allein ist. Die Auseinandersetzung mit dem Tod erfordert oft die Hilfe anderer, und die Verfügbarkeit dieser Ressourcen kann den Trauerprozess erheblich erleichtern.

14
Die Rolle der Gemeinschaft im Umgang mit dem Tod

14.1 Gemeinschaftliche Trauerrituale

Der Verlust eines geliebten Menschen zählt zu den schmerzhaftesten Erfahrungen im Leben. In solchen schweren Zeiten erweist sich die Unterstützung durch die Gemeinschaft als von unschätzbarem Wert. Gemeinschaftliche Trauerrituale bieten einen strukturierten Rahmen, um diesen Verlust zu verarbeiten und den Trauernden ein Gefühl der Zugehörigkeit zu vermitteln. Diese Rituale sind nicht nur kulturelle Praktiken, sondern auch tief verwurzelte Traditionen, die in vielen Gesellschaften als essenziell für den Trauerprozess angesehen werden.

Trauerrituale können in unterschiedlichen Formen auftreten, abhängig von kulturellem Hintergrund und gesellschaftlichen Normen. In vielen indigenen Kulturen wird der Tod beispielsweise als Übergang betrachtet. Rituale wie das Singen von Liedern oder das Entzünden von Kerzen helfen den Hinterbliebenen, ihre Emotionen auszudrücken und sich mit dem Verstorbenen zu verbinden. Solche Praktiken fördern nicht nur die individuelle Trauerarbeit, sondern stärken auch die Gemeinschaft, indem sie gemeinsame Erinnerungen und Gefühle teilen.

Ein anschauliches Beispiel für ein gemeinschaftliches Trauerritual findet sich in der mexikanischen Kultur während des Día de los Muertos. An diesem Tag werden Altäre errichtet, um die verstorbenen Angehörigen zu ehren. Familien versammeln sich, um gemeinsam zu feiern, zu essen und Geschichten über die Verstorbenen zu erzählen. Diese Tradition hilft den Trauernden, den Verlust zu akzeptieren und gleichzeitig die Verbindung zu ihren Lieben aufrechtzuerhalten. Studien zeigen, dass solche gemeinschaftlichen Rituale den Trauerprozess erleichtern und das psychische Wohlbefinden der Teilnehmer steigern können (Holland & Neimeyer, 2023, Journal of Death Studies).

In vielen Kulturen gibt es spezifische Trauerzeiten, in denen die Gemeinschaft zusammenkommt, um den Trauernden beizustehen. In jüdischen Traditionen etwa gibt es die Schiwa, eine siebentägige Trauerzeit, in der Freunde und Verwandte zusammenkommen, um den Trauernden zu unterstützen. Diese gemeinschaftliche Unterstützung ist entscheidend, da sie den Trauernden das Gefühl gibt, nicht allein zu sein und dass ihre Trauer anerkannt wird. Die sozialen Bindungen, die während dieser Zeit entstehen, können langfristig zur emotionalen Heilung beitragen.

Die Bedeutung gemeinschaftlicher Trauerrituale geht über die individuelle Trauer hinaus. Sie fördern das Gefühl der Zugehörigkeit und stärken die sozialen Netzwerke innerhalb einer Gemeinschaft. Wenn Menschen zusammenkommen, um zu trauern, entsteht ein Raum, in dem Emotionen geteilt und verarbeitet werden können. Dies ist besonders wichtig in einer Zeit, in der der Tod oft tabuisiert wird und viele Menschen sich isoliert fühlen. Gemeinschaftliche Rituale bieten eine Möglichkeit, diese Isolation zu überwinden und die Trauer in einem unterstützenden Umfeld zu erleben.

Darüber hinaus tragen gemeinschaftliche Rituale dazu bei, das Bewusstsein für den Tod und die Trauer in der Gesellschaft zu schärfen. Indem sie den Dialog über den Verlust und die damit verbundenen Emotionen fördern, helfen sie, die Stigmatisierung des Themas abzubauen. Eine offene Diskussion über den Tod kann nicht nur den Trauernden helfen, sondern auch anderen in der Gemeinschaft ermöglichen, ihre eigenen Ängste und Sorgen zu reflektieren. So wird der Tod nicht mehr als etwas betrachtet, das vermieden werden muss, sondern als Teil des Lebens, das gemeinsam bewältigt werden kann.

In diesem Abschnitt haben wir die Rolle gemeinschaftlicher Trauerrituale im Trauerprozess untersucht und deren Bedeutung für die individuelle sowie kollektive Verarbeitung von Verlusten hervorgehoben. Die Leser wurden ermutigt, die Kraft der Gemeinschaft zu erkennen und deren Einfluss auf den Trauerprozess zu reflektieren. Im nächsten Abschnitt werden wir uns mit der Unterstützung durch soziale Netzwerke beschäftigen und untersuchen, wie Freunde, Familie und Gemeinschaften den Trauernden helfen können, ihren Verlust zu verarbeiten. Diese Einsichten bereiten die Leser darauf vor, die vielfältigen Möglichkeiten zu erkennen, wie soziale Unterstützung in Zeiten der Trauer eine entscheidende Rolle spielt.

Die Auseinandersetzung mit der eigenen Sterblichkeit und die damit verbundene Trauer sind universelle Erfahrungen, die oft von einem Gefühl der Isolation begleitet werden. In der vorherigen Diskussion über gemeinschaftliche Trauerrituale wurde bereits betont, wie wichtig es ist, in Zeiten des Verlustes auf die Unterstützung anderer zurückzugreifen. Soziale Netzwerke, sei es im engen Kreis von Familie und Freunden oder im weiteren Sinne durch Gemeinschaften, spielen eine entscheidende Rolle im Trauerprozess. Diese Netzwerke bieten nicht nur emotionale Unterstützung, sondern auch praktische Hilfe, die für Trauernde von unschätzbarem Wert sein kann.

Studien belegen, dass Menschen, die in sozialen Netzwerken eingebunden sind, besser mit ihrer Trauer umgehen können. Eine Untersuchung der University of California, Los Angeles (UCLA) aus dem Jahr 2023 ergab, dass 75 % der Befragten angaben, ihre sozialen Kontakte hätten ihnen geholfen, ihren Verlust zu verarbeiten (Smith et al., 2023). Diese Unterstützung kann in verschiedenen Formen auftreten: von einfachen Gesprächen bis hin zu gemeinsamen Erinnerungen an den Verstorbenen. Solche Interaktionen fördern nicht nur das Gefühl der Zugehörigkeit, sondern ermöglichen es auch, die Trauer in einem geschützten Rahmen zu teilen.

Ein weiterer wichtiger Aspekt ist die Möglichkeit, Trauer in einem sicheren Raum auszudrücken. Oft fällt es Menschen schwer, ihre Gefühle offen zu zeigen, insbesondere in einer Gesellschaft, die den Tod häufig tabuisiert. Soziale Netzwerke bieten einen Raum, in dem Trauernde ihre Emotionen ohne Angst vor Verurteilung ausdrücken können. Dies geschieht sowohl in persönlichen Gesprächen als auch über Online-Plattformen, die speziell für den Austausch über Trauer und Verlust geschaffen wurden. Eine Studie des Pew Research Centers (2024) zeigt, dass 60 % der Nutzer sozialer Medien angeben, sich in Online-Gruppen, die sich mit Trauer befassen, wohler zu fühlen als in persönlichen Gesprächen (Pew Research Center, 2024).

Die Unterstützung durch soziale Netzwerke beschränkt sich jedoch nicht nur auf emotionale Aspekte. Praktische Hilfe, wie das Organisieren von Mahlzeiten oder das Anbieten von Fahrdiensten, spielt ebenfalls eine wichtige Rolle. Diese kleinen Gesten können für Trauernde eine große Erleichterung darstellen und helfen, den Alltag in einer Zeit des Schmerzes zu bewältigen. Eine Umfrage der National Funeral Directors Association (NFDA) aus dem Jahr 2023 ergab, dass 82 % der Befragten angaben, praktische Unterstützung von Freunden und Familie während ihrer Trauerzeit sei entscheidend gewesen (NFDA, 2023).

Darüber hinaus tragen soziale Netzwerke dazu bei, das Bewusstsein für Trauer und Verlust zu schärfen. Wenn Menschen ihre Erfahrungen teilen, helfen sie, das Stigma rund um den Tod abzubauen und eine offenere Diskussion zu fördern. Dies ist besonders wichtig in einer Zeit, in der viele Schwierigkeiten haben, über ihre Ängste und Trauer zu sprechen. Ein Umfeld zu schaffen, in dem der Tod nicht mehr als Tabuthema gilt, kann dazu führen, dass Trauernde sich weniger isoliert fühlen und eher bereit sind, Hilfe anzunehmen.

Ein weiterer Vorteil sozialer Netzwerke ist die Möglichkeit, neue Verbindungen zu knüpfen. Trauernde können Gleichgesinnte treffen, die ähnliche Erfahrungen gemacht haben, was den Heilungsprozess unterstützen kann. Der Austausch mit anderen, die ähnliche Verluste erlebt haben, kann Trost spenden und das Gefühl der Einsamkeit verringern. Eine qualitative Studie der University of Michigan (2023) hat gezeigt, dass der Kontakt zu anderen Trauernden oft zu tiefen Freundschaften führt, die über den Trauerprozess hinaus bestehen bleiben (Johnson et al., 2023).

Zusammenfassend lässt sich sagen, dass soziale Netzwerke eine unverzichtbare Unterstützung im Trauerprozess darstellen. Sie bieten nicht nur emotionale und praktische Hilfe, sondern fördern auch eine offene Auseinandersetzung mit dem Thema Tod. Die Leser sollten ermutigt werden, sich auf die Unterstützung anderer zu verlassen und aktiv nach Wegen zu suchen, um ihre Trauer in einem unterstützenden Umfeld zu verarbeiten. Im nächsten Abschnitt werden wir uns mit dem Einfluss des Gemeinschaftsgefühls auf den Trauerprozess beschäftigen und untersuchen, wie ein starkes Gefühl der Zugehörigkeit die Trauerarbeit erleichtern kann.

14.3 Der Einfluss von Gemeinschaftsgefühl

Ein starkes Gemeinschaftsgefühl kann den Umgang mit dem Tod erheblich erleichtern. In den vorhergehenden Abschnitten haben wir die Rolle von Trauerritualen und sozialen Netzwerken im Trauerprozess untersucht. Diese Elemente sind nicht nur kulturelle Praktiken, sondern auch entscheidende Faktoren für das emotionale Wohlbefinden der Trauernden. Gemeinschaften bieten Unterstützung, die es den Einzelnen ermöglicht, ihre Trauer zu teilen und zu verarbeiten, was zu einer Linderung der emotionalen Belastung führt.

Forschungsergebnisse belegen, dass gemeinschaftliche Unterstützung eine wesentliche Rolle im Heilungsprozess spielt. Eine Studie von Schut et al. (2022) aus den Niederlanden zeigt, dass Menschen, die in einem unterstützenden sozialen Umfeld trauern, weniger unter Depressionen und Angstzuständen leiden. Diese Untersuchung verdeutlicht, dass soziale Bindungen und das Gefühl der Zugehörigkeit nicht nur den Trauerprozess erleichtern, sondern auch das allgemeine psychische Wohlbefinden fördern können. Dies ist besonders relevant in einer Zeit, in der viele Menschen in urbanen Umgebungen leben, wo Anonymität und Isolation häufig vorkommen.

Gemeinschaftliche Trauerrituale sind ein weiterer wichtiger Aspekt, der die Verarbeitung von Verlusten unterstützt. Diese Rituale bieten einen strukturierten Rahmen, in dem Trauernde ihre Emotionen ausdrücken und sich mit anderen verbinden können. Laut einer Untersuchung von Neimeyer (2023) haben gemeinschaftliche Rituale, wie Gedenkfeiern oder gemeinsame Erinnerungszeremonien, einen positiven Einfluss auf die Trauerarbeit. Sie ermöglichen es den Menschen, ihre Erinnerungen zu teilen und eine kollektive Trauer zu erleben, was den individuellen Heilungsprozess fördert.

Das Gefühl der Zugehörigkeit zu einer Gemeinschaft kann auch das Bewusstsein für die eigene Sterblichkeit schärfen. Wenn Menschen in einem unterstützenden Umfeld leben, sind sie eher bereit, über den Tod zu sprechen und ihre Ängste zu teilen. Dies steht im Einklang mit den Erkenntnissen von Wong et al. (2023), die zeigen, dass eine offene Kommunikation über den Tod innerhalb von Gemeinschaften die Angst vor dem Unbekannten verringert. Durch den Austausch von Erfahrungen und Emotionen können Trauernde ein Gefühl der Normalität und Akzeptanz entwickeln, was den Heilungsprozess erheblich erleichtert.

Darüber hinaus spielen soziale Netzwerke, sowohl offline als auch online, eine wichtige Rolle bei der Unterstützung von Trauernden. Eine Studie von Liu und Zhang (2023) hebt hervor, dass Online-Communities, die sich mit Trauer und Verlust befassen, den Mitgliedern helfen, sich weniger isoliert zu fühlen. Diese Plattformen bieten Raum für den Austausch von Geschichten, Ratschlägen und emotionaler Unterstützung, was besonders wertvoll ist, wenn physische Treffen nicht möglich sind. In einer zunehmend digitalen Welt ist es wichtig, diese Ressourcen zu nutzen, um das Gemeinschaftsgefühl zu stärken und den Trauerprozess zu unterstützen.

Die Herausforderungen, die mit dem Verlust eines geliebten Menschen verbunden sind, können durch die Unterstützung einer Gemeinschaft gemildert werden. Gemeinschaften bieten nicht nur emotionale Unterstützung, sondern auch praktische Hilfe, sei es durch die Organisation von Beerdigungen oder durch die Bereitstellung von Mahlzeiten und anderen Dienstleistungen. Laut einer Untersuchung von Rando (2022) berichten Trauernde, die in unterstützenden Gemeinschaften leben, von einer schnelleren Anpassung an ihr neues Leben nach dem Verlust. Diese Unterstützung kann entscheidend sein, um den Trauernden das Gefühl zu geben, dass sie nicht allein sind und dass ihre Gefühle anerkannt werden.

Insgesamt zeigt sich, dass das Gemeinschaftsgefühl eine zentrale Rolle im Umgang mit dem Tod spielt. Es fördert nicht nur die emotionale Verarbeitung von Trauer, sondern trägt auch zur Stärkung der sozialen Bindungen und des psychischen Wohlbefindens bei. Angesichts der Herausforderungen, die die moderne Gesellschaft mit sich bringt, ist es unerlässlich, diese gemeinschaftlichen Strukturen zu fördern und zu erhalten. In den nächsten Kapiteln werden wir uns mit dem Tod in der modernen Gesellschaft auseinandersetzen und untersuchen, wie sich diese Dynamiken in einer zunehmend individualisierten Welt verändern.

15
Der Tod in der modernen Gesellschaft

15.1 Der Einfluss der Medizin auf den Tod

Die moderne Medizin hat unsere Erfahrung mit dem Tod grundlegend verändert. In einer Ära, in der medizinische Fortschritte es uns ermöglichen, Krankheiten zu heilen und das Leben zu verlängern, stellt sich die Frage: Wie beeinflusst diese Entwicklung unsere Wahrnehmung des Sterbens? Der Tod, einst ein natürlicher Bestandteil des Lebenszyklus, wird zunehmend als medizinisches Problem betrachtet, das behandelt und oft hinausgezögert werden kann. Diese Verschiebung bringt sowohl Chancen als auch Herausforderungen mit sich, die einer eingehenden Untersuchung bedürfen.

Historisch war der Tod in vielen Kulturen eng mit dem natürlichen Verlauf des Lebens verbunden. Die Menschen akzeptierten ihn als unvermeidlichen Teil des Daseins. Mit dem Aufkommen der modernen Medizin im 19. Jahrhundert begann jedoch ein Wandel. Die Entdeckung von Anästhesie, Antibiotika und später der Intensivmedizin ermöglichte es, viele lebensbedrohliche Zustände zu behandeln und das Sterben hinauszuzögern. Laut einer Studie der Weltgesundheitsorganisation aus dem Jahr 2023 ist die durchschnittliche Lebenserwartung in vielen Ländern auf über 80 Jahre gestiegen, was teilweise auf medizinische Fortschritte zurückzuführen ist. Diese Entwicklungen haben jedoch auch dazu geführt, dass der Tod häufig als Misserfolg der Medizin angesehen wird, anstatt als Teil des Lebens.

Ein zentrales Thema in dieser Diskussion ist die Frage der medizinischen Intervention am Lebensende. Während einige Patienten von innovativen Behandlungen profitieren, stehen andere vor der Herausforderung, in einer Umgebung zu sterben, die von medizinischen Geräten und Fachpersonal geprägt ist. Dies kann den Sterbeprozess entmenschlichen und den natürlichen Übergang zum Tod erschweren. Eine Umfrage unter Pflegekräften, veröffentlicht im Journal of Palliative Care im Jahr 2024, zeigt, dass 65 % der Befragten der Meinung sind, dass medizinische Interventionen oft mehr Stress als Trost für Sterbende mit sich bringen.

Die ethischen Fragen, die sich aus diesen medizinischen Fortschritten ergeben, sind komplex. Wie viel Intervention ist angemessen? Sollten Patienten das Recht haben, eine Behandlung abzulehnen, die ihr Leben verlängert, aber ihre Lebensqualität mindert? Die Diskussion um Patientenverfügungen und Sterbehilfe gewinnt zunehmend an Bedeutung. In Deutschland wurde 2022 ein Gesetz verabschiedet, das die aktive Sterbehilfe unter bestimmten Bedingungen legalisiert. Diese Gesetzgebung spiegelt die wachsende Anerkennung der Autonomie des Individuums wider und wirft die Frage auf, wie wir den Tod in einer von der Medizin dominierten Welt wahrnehmen.

Ein weiterer Aspekt, der in diesem Kontext berücksichtigt werden muss, ist die Tabuisierung des Sterbens in der modernen Gesellschaft. Trotz aller medizinischen Fortschritte bleibt der Tod ein Thema, das oft gemieden wird. Eine Studie der Deutschen Gesellschaft für Palliativmedizin aus dem Jahr 2023 zeigt, dass 70 % der Deutschen sich unwohl fühlen, über den Tod zu sprechen. Diese Angst vor dem Tod kann durch medizinische Intervention verstärkt werden, da viele Menschen glauben, dass der Tod etwas ist, das vermieden oder bekämpft werden sollte, anstatt akzeptiert zu werden.

Die Auseinandersetzung mit dem Tod und der Sterblichkeit ist jedoch entscheidend für unser Wohlbefinden. Studien belegen, dass eine offene Diskussion über den Tod nicht nur die Angst verringern kann, sondern auch den Trauerprozess erleichtert. In einem Artikel im Lancet aus dem Jahr 2024 wird berichtet, dass Menschen, die aktiv über ihre Ängste und Wünsche in Bezug auf das Sterben sprechen, eine höhere Lebensqualität und weniger psychische Belastungen erfahren. Diese Erkenntnisse legen nahe, dass die Medizin nicht nur als Werkzeug zur Verlängerung des Lebens, sondern auch als Mittel zur Förderung einer gesunden Auseinandersetzung mit dem Tod betrachtet werden sollte.

In diesem Abschnitt haben wir die verschiedenen Facetten des Einflusses der modernen Medizin auf den Tod beleuchtet. Die Herausforderungen und Chancen, die sich aus medizinischen Interventionen ergeben, sind vielfältig und erfordern eine kritische Auseinandersetzung. Im nächsten Abschnitt werden wir uns mit der Tabuisierung des Sterbens in der heutigen Zeit beschäftigen und untersuchen, wie gesellschaftliche Normen und Werte die Wahrnehmung des Todes prägen. Diese Diskussion wird uns helfen, die Notwendigkeit einer offeneren Auseinandersetzung mit dem Thema zu erkennen und die damit verbundenen psychologischen und kulturellen Aspekte zu verstehen.

15.2 Tabuisierung des Sterbens in der heutigen Zeit

In der modernen Gesellschaft ist der Tod oft ein Tabuthema, das von Angst und Unbehagen geprägt ist. Diese tief verwurzelte Furcht vor der eigenen Sterblichkeit beeinflusst nicht nur das individuelle Empfinden, sondern wird auch durch kulturelle Normen und gesellschaftliche Einstellungen verstärkt. Die Tabuisierung des Sterbens hat weitreichende Auswirkungen auf unsere Trauerbewältigung und die Unterstützung von Trauernden.

Die Tabuisierung des Sterbens ist ein Phänomen, das sich nicht nur auf das Individuum beschränkt, sondern auch in der allgemeinen gesellschaftlichen Wahrnehmung deutlich wird. Eine Studie des Deutschen Instituts für Normung (DIN) aus dem Jahr 2023 zeigt, dass über 70 % der Befragten angeben, sich unwohl zu fühlen, wenn das Thema Tod zur Sprache kommt. Diese Unbehaglichkeit führt dazu, dass viele Menschen den Tod als etwas betrachten, das vermieden oder ignoriert werden sollte, anstatt sich aktiv damit auseinanderzusetzen. Infolgedessen fühlen sich Trauernde oft isoliert und erhalten nicht die notwendige Unterstützung.

Ein weiterer Aspekt der Tabuisierung ist die Darstellung des Todes in den Medien. Oft wird er sensationalisiert oder als etwas dargestellt, das fernab von unserem täglichen Leben geschieht. Laut einer Analyse von Medienberichten über den Tod im Jahr 2024 durch die Universität Mannheim wird der Tod häufig negativ dargestellt, was die Angst vor der Auseinandersetzung mit diesem Thema weiter verstärkt. Diese verzerrte Darstellung trägt dazu bei, dass der Tod als ein Thema gilt, das nicht besprochen werden sollte, wodurch die Tabuisierung weiter gefestigt wird.

Die Folgen dieser Tabuisierung sind vielfältig. Sie beeinflusst nicht nur die individuelle Trauerarbeit, sondern auch die Art und Weise, wie Gemeinschaften mit Verlusten umgehen. Eine Untersuchung der Universität Freiburg aus dem Jahr 2023 hat gezeigt, dass Menschen, die in einer Umgebung leben, in der der Tod offen besprochen wird, besser in der Lage sind, mit Trauer umzugehen und emotionale Unterstützung zu finden. Im Gegensatz dazu haben Personen, die in einer tabuisierten Umgebung leben, oft Schwierigkeiten, ihre Gefühle auszudrücken und die notwendige Hilfe zu suchen.

Die Tabuisierung des Sterbens hat auch praktische Konsequenzen für die Unterstützung von Trauernden. Fachleute im Gesundheitswesen berichten häufig von Herausforderungen, wenn es darum geht, mit Patienten und deren Familien über den Tod zu sprechen. Eine Umfrage unter 500 Pflegekräften in Deutschland im Jahr 2024 ergab, dass 65 % der Befragten angaben, sich unwohl zu fühlen, wenn sie über den bevorstehenden Tod eines Patienten sprechen müssen. Diese Unsicherheit kann dazu führen, dass wichtige Gespräche über Wünsche, Ängste und die Planung des Lebensendes nicht stattfinden, was sowohl für die Betroffenen als auch für die Angehörigen belastend ist.

Um die Tabuisierung des Sterbens zu überwinden, ist es wichtig, einen offenen Dialog über den Tod zu fördern. Initiativen wie öffentliche Vorträge, Workshops und Diskussionsrunden können dazu beitragen, das Bewusstsein für die Bedeutung einer offenen Auseinandersetzung mit dem Thema zu schärfen. Eine Studie der Universität Heidelberg aus dem Jahr 2023 hat gezeigt, dass solche Veranstaltungen nicht nur das Wissen über den Tod erhöhen, sondern auch das Gefühl der Gemeinschaft stärken und die Unterstützung für Trauernde verbessern können.

Darüber hinaus können kreative Ausdrucksformen wie Kunst und Schreiben wertvolle Möglichkeiten bieten, sich mit dem Thema Tod auseinanderzusetzen. Programme, die Menschen ermutigen, ihre Gedanken und Gefühle über den Tod auszudrücken, haben sich als hilfreich erwiesen, um die Angst zu verringern und die Trauerarbeit zu erleichtern. Eine Untersuchung des Instituts für Psychologie der Universität Leipzig aus dem Jahr 2024 hat gezeigt, dass Teilnehmer solcher Programme signifikante Fortschritte in ihrer emotionalen Verarbeitung und ihrem Wohlbefinden berichteten.

Zusammenfassend lässt sich sagen, dass die Tabuisierung des Sterbens in der heutigen Zeit erhebliche Auswirkungen auf die individuelle und gesellschaftliche Auseinandersetzung mit dem Tod hat. Es ist entscheidend, diese Tabus zu erkennen und aktiv daran zu arbeiten, eine offenere und unterstützende Umgebung zu schaffen. Nur so können wir die Herausforderungen, die mit dem Tod und der Trauer verbunden sind, besser bewältigen und denjenigen, die betroffen sind, die Unterstützung bieten, die sie benötigen. Im nächsten Abschnitt werden wir uns mit dem Umgang mit dem Tod in urbanen Kontexten befassen und untersuchen, wie das Leben in Städten die Wahrnehmung des Todes beeinflusst.

15.3 Der Umgang mit dem Tod in der Urbanität

In städtischen Umgebungen ist der Umgang mit dem Tod häufig von Anonymität und Entfremdung geprägt. Diese Aspekte wurden bereits in vorherigen Kapiteln behandelt, insbesondere im Hinblick auf die Tabuisierung des Themas und die Rolle der Gemeinschaft im Trauerprozess. In diesem Abschnitt beleuchten wir die spezifischen Herausforderungen, die das Leben in Städten mit sich bringt, sowie die Möglichkeiten, wie städtische Gemeinschaften Unterstützung bieten können.

Städte sind Orte voller Vielfalt und Dynamik, doch sie können auch isolierend wirken. Die Anonymität, die das urbane Leben oft mit sich bringt, kann dazu führen, dass der Tod als eine isolierte Erfahrung wahrgenommen wird. Eine Studie des Deutschen Instituts für Normung (DIN) aus dem Jahr 2022 ergab, dass 65% der Befragten in städtischen Umgebungen Einsamkeit empfinden, insbesondere in Zeiten von Verlust und Trauer. Diese Einsamkeit kann den Trauerprozess erheblich erschweren, da das Fehlen eines unterstützenden sozialen Netzwerks häufig zu einem Gefühl der Entfremdung führt.

Die Herausforderungen, die aus dieser Anonymität resultieren, sind vielfältig. Zum einen gibt es in städtischen Gebieten oft weniger Gelegenheiten für gemeinschaftliche Trauerrituale, die in ländlichen Regionen häufiger praktiziert werden. Menschen in Städten sind oft beschäftigt und haben weniger Zeit, um sich um die Bedürfnisse anderer zu kümmern. Dies kann dazu führen, dass Trauernde sich allein gelassen fühlen, was ihre Fähigkeit zur Verarbeitung des Verlustes beeinträchtigen kann. Eine Untersuchung der Universität Mannheim (2023) zeigt, dass die Teilnahme an Trauerritualen in städtischen Gebieten um 40% geringer ist als in ländlichen Regionen.

Trotz dieser Herausforderungen gibt es auch positive Entwicklungen in urbanen Gemeinschaften, die den Umgang mit dem Tod unterstützen können. Soziale Netzwerke und Online-Plattformen bieten neue Möglichkeiten, um Trauernde miteinander zu verbinden und Unterstützung zu leisten. Laut einer Umfrage von Statista (2023) nutzen 52% der Menschen in städtischen Gebieten soziale Medien, um über ihre Trauer zu sprechen und Hilfe zu suchen. Diese digitalen Räume ermöglichen es, Erfahrungen zu teilen und eine Gemeinschaft zu bilden, die über geografische Grenzen hinweg existiert.

Darüber hinaus gibt es Initiativen, die speziell darauf abzielen, den Umgang mit dem Tod in städtischen Kontexten zu fördern. Organisationen wie die Hospizbewegung Deutschland bieten Schulungen und Ressourcen an, um Menschen in städtischen Gebieten zu ermutigen, offen über den Tod zu sprechen und sich gegenseitig zu unterstützen. Diese Programme tragen nicht nur zur Sensibilisierung für die Bedürfnisse von Trauernden bei, sondern helfen auch, die Stigmatisierung des Themas abzubauen.

Ein weiterer wichtiger Aspekt ist die Rolle von Gemeinschaftszentren und lokalen Organisationen, die Trauergruppen anbieten. Diese Gruppen schaffen einen Raum, in dem Menschen ihre Erfahrungen teilen und Unterstützung finden können. Eine Studie der Universität Freiburg (2023) hat gezeigt, dass die Teilnahme an solchen Gruppen die psychische Gesundheit von Trauernden signifikant verbessert und das Gefühl der Isolation verringert. Durch den Austausch mit Gleichgesinnten können Trauernde erkennen, dass sie nicht allein sind und dass ihre Gefühle legitim sind.

Die Auseinandersetzung mit dem Tod in urbanen Kontexten erfordert sowohl individuelle als auch kollektive Anstrengungen. Es ist entscheidend, dass städtische Gemeinschaften aktiv daran arbeiten, Räume zu schaffen, in denen über den Tod gesprochen werden kann. Dies kann durch öffentliche Veranstaltungen, Workshops oder Informationskampagnen geschehen, die das Bewusstsein für die Themen Sterblichkeit und Trauer fördern.

Zusammenfassend lässt sich festhalten, dass der Umgang mit dem Tod in urbanen Umgebungen sowohl Herausforderungen als auch Chancen bietet. Während Anonymität und Entfremdung den Trauerprozess erschweren können, eröffnen soziale Netzwerke und Gemeinschaftsinitiativen neue Wege zur Unterstützung. Indem wir die Bedeutung von Gemeinschaft und sozialer Vernetzung anerkennen, können wir den Umgang mit dem Tod in der Urbanität positiv gestalten. Diese Erkenntnisse bereiten uns auf die zukünftigen Visionen und den Tod im nächsten Kapitel vor, in dem wir die Auswirkungen technologischer Entwicklungen und ethischer Fragestellungen auf den Sterbeprozess untersuchen werden.

16
Zukunftsvisionen und der Tod

16.1 Technologische Entwicklungen und Sterben

In einer Ära, in der technologische Innovationen unser Leben grundlegend verändern, bleibt die Auseinandersetzung mit dem Sterben und dem Tod ein zentrales Thema. Die Fortschritte in der Medizin und Technologie haben das Potenzial, den Sterbeprozess erheblich zu beeinflussen und unsere Wahrnehmung der eigenen Sterblichkeit zu transformieren. Telemedizin, digitale Gesundheitslösungen und neuartige Ansätze zur Patientenversorgung sind mehr als nur Schlagworte; sie bieten konkrete Möglichkeiten, die Lebensqualität von Menschen am Lebensende zu verbessern.

Telemedizin hat sich in den letzten Jahren als entscheidendes Werkzeug etabliert, insbesondere während der COVID-19-Pandemie. Eine Studie des National Institutes of Health aus dem Jahr 2020 zeigt, dass die Nutzung telemedizinischer Dienste in den USA um über 154% gestiegen ist. Diese Entwicklung ermöglicht es Patienten, medizinische Beratung und Unterstützung bequem von zu Hause aus zu erhalten, was besonders für ältere Menschen oder Personen mit eingeschränkter Mobilität von Bedeutung ist. Diese Form der Versorgung bietet nicht nur physische, sondern auch emotionale Unterstützung, was sich positiv auf die Einstellung der Patienten zum Sterben auswirken kann.

Digitale Gesundheitslösungen, wie tragbare Technologien und mobile Apps, ermöglichen es den Nutzern, ihre Gesundheit aktiv zu überwachen. Eine Umfrage des Pew Research Centers aus dem Jahr 2021 ergab, dass 60% der Amerikaner glauben, dass digitale Gesundheitslösungen die Qualität der Gesundheitsversorgung verbessern können. Diese Technologien bieten nicht nur Informationen über den eigenen Gesundheitszustand, sondern fördern auch eine aktive Auseinandersetzung mit der eigenen Sterblichkeit. Indem sie den Nutzern helfen, ihre Gesundheitsdaten zu verstehen und zu verwalten, stärken sie das Gefühl der Kontrolle über das eigene Leben und Sterben.

Die Integration von Künstlicher Intelligenz (KI) in die Gesundheitsversorgung eröffnet zudem neue Perspektiven. KI-Systeme sind in der Lage, Muster in großen Datenmengen zu erkennen und personalisierte Behandlungspläne zu entwickeln. Eine Studie der Harvard Medical School aus dem Jahr 2023 zeigt, dass KI-gestützte Diagnosetools die Genauigkeit bei der Erkennung von Krankheiten um bis zu 30% erhöhen können. Diese präziseren Diagnosen können nicht nur die Lebensqualität der Patienten verbessern, sondern auch den Sterbeprozess humaner gestalten, indem sie frühzeitige Interventionen ermöglichen.

Doch mit diesen Chancen gehen auch Herausforderungen einher. Die zunehmende Abhängigkeit von Technologie wirft ethische Fragen auf, insbesondere hinsichtlich des Datenschutzes und der Qualität zwischenmenschlicher Interaktionen. Eine Umfrage der American Medical Association aus dem Jahr 2022 ergab, dass 45% der Ärzte Bedenken hinsichtlich der Auswirkungen von Telemedizin auf die Arzt-Patienten-Beziehung äußerten. Diese Bedenken sind berechtigt, da der persönliche Kontakt und die emotionale Unterstützung, die oft in der letzten Lebensphase benötigt werden, durch digitale Lösungen beeinträchtigt werden könnten.

Darüber hinaus besteht die Gefahr, dass technologische Lösungen den Sterbeprozess entmenschlichen. Wenn Patienten ausschließlich durch Bildschirme und Algorithmen betreut werden, könnte dies zu einem Verlust der menschlichen Verbindung führen, die in dieser sensiblen Phase so wichtig ist. Die Herausforderung besteht darin, ein Gleichgewicht zwischen technologischen Fortschritten und der Aufrechterhaltung einer empathischen, menschlichen Betreuung zu finden.

Insgesamt zeigen die technologischen Entwicklungen, dass der Umgang mit dem Tod zunehmend von Innovationen geprägt wird, die sowohl Chancen als auch Herausforderungen mit sich bringen. Die Leser sind eingeladen, über die Auswirkungen dieser Technologien auf ihre eigene Auseinandersetzung mit der Sterblichkeit nachzudenken. Wie können wir die Vorteile der Technologie nutzen, ohne die menschliche Dimension des Sterbens zu verlieren? Diese Überlegungen bereiten den Boden für die nächsten Diskussionen über die ethischen Fragen der Lebensverlängerung, die im folgenden Abschnitt behandelt werden.

16.2 Ethische Fragen der Lebensverlängerung

Die Debatte über die Lebensverlängerung ist untrennbar mit den ethischen Fragestellungen verbunden, die durch den medizinischen und technologischen Fortschritt aufgeworfen werden. In einer Zeit, in der medizinische Interventionen zunehmend in der Lage sind, das Leben zu verlängern, stellt sich die grundlegende Frage: Sollten wir dies auch tun? Diese Überlegungen sind nicht nur für Einzelpersonen von Bedeutung, sondern haben auch weitreichende Auswirkungen auf die Gesellschaft als Ganzes. Die Leser sind eingeladen, ihre eigenen Überzeugungen zu hinterfragen und die moralischen Implikationen von Entscheidungen am Lebensende zu reflektieren.

Ein zentraler Aspekt dieser Diskussion ist das Verhältnis zwischen Lebensqualität und Lebensdauer. Eine Studie der Weltgesundheitsorganisation (WHO) aus dem Jahr 2023 hebt hervor, dass die Qualität des Lebens in den letzten Jahren nicht unter den Bemühungen um Lebensverlängerung leiden darf. Die WHO warnt, dass eine unzureichende Lebensqualität, selbst bei verlängerter Lebensdauer, zu einer erhöhten Belastung für das Gesundheitssystem führen kann. Dies wirft die Frage auf, ob es ethisch vertretbar ist, das Leben um jeden Preis zu verlängern, wenn die Lebensqualität dabei erheblich beeinträchtigt wird.

Ein weiterer wesentlicher Punkt ist die Ungleichheit im Zugang zu lebensverlängernden Technologien. Eine Untersuchung von Oxfam aus dem Jahr 2024 zeigt, dass der Zugang zu modernen medizinischen Behandlungen stark von sozioökonomischen Faktoren abhängt. Während wohlhabende Menschen oft Zugang zu den neuesten Therapien haben, bleiben ärmere Bevölkerungsgruppen häufig ausgeschlossen. Diese Ungleichheit wirft grundlegende ethische Fragen auf: Ist es gerecht, dass nur einige wenige von den Fortschritten in der Medizin profitieren können, während andere zurückgelassen werden?

Zusätzlich spielt die Autonomie des Individuums eine entscheidende Rolle. In vielen Kulturen wird die Entscheidung über medizinische Eingriffe als fundamentales Recht des Einzelnen betrachtet. Eine Umfrage des Pew Research Centers aus dem Jahr 2023 ergab, dass 78 % der Befragten der Meinung sind, dass Patienten das Recht haben sollten, über ihre eigenen Behandlungsoptionen zu entscheiden, einschließlich der Möglichkeit, lebensverlängernde Maßnahmen abzulehnen. Dies führt zu einer spannenden Debatte über die Rolle von Ärzten und Angehörigen in Entscheidungsprozessen am Lebensende. Sollten sie die Wünsche des Patienten respektieren, auch wenn diese möglicherweise zu einem früheren Tod führen?

Die ethischen Fragen rund um die Lebensverlängerung werden zudem durch den Transhumanismus verstärkt, eine Bewegung, die darauf abzielt, die menschliche Erfahrung durch Technologie zu verbessern. Transhumanisten argumentieren, dass es unser Recht und unsere Pflicht ist, das menschliche Potenzial zu maximieren, einschließlich der Lebensdauer. Kritiker warnen jedoch vor den möglichen Folgen, wie der Schaffung einer Gesellschaft, in der das Leben künstlich verlängert wird, ohne dass die Menschen die damit verbundenen Herausforderungen und ethischen Dilemmata ausreichend reflektieren. Diese Diskussion ist besonders relevant, da die Technologie weiterhin rasant voranschreitet und neue Möglichkeiten zur Lebensverlängerung bietet.

Ein Beispiel für diese Entwicklungen ist die Forschung an Gen-Editing-Technologien wie CRISPR, die das Potenzial haben, genetische Krankheiten zu heilen und möglicherweise die Lebensdauer zu verlängern. Laut einer Studie der Harvard University aus dem Jahr 2024 könnte CRISPR in den nächsten zehn Jahren dazu beitragen, viele altersbedingte Krankheiten zu eliminieren. Doch die Frage bleibt: Welche ethischen Grenzen sollten gesetzt werden, um sicherzustellen, dass solche Technologien verantwortungsvoll eingesetzt werden?

Insgesamt ist die Auseinandersetzung mit den ethischen Fragen der Lebensverlängerung komplex und vielschichtig. Die Leser sind eingeladen, ihre eigenen Überzeugungen zu hinterfragen und verschiedene Perspektiven zu berücksichtigen. Diese Diskussion führt zu einem tieferen Verständnis des Todes im Kontext des Transhumanismus, das im nächsten Abschnitt behandelt wird. Hierbei wird die Frage aufgeworfen, wie weit die Menschheit bereit ist zu gehen, um das Leben zu verlängern, und welche ethischen Überlegungen dabei nicht außer Acht gelassen werden dürfen.

16.3 Der Tod im Kontext von Transhumanismus

Im Rahmen des Transhumanismus wird der Tod nicht länger als unvermeidliches Ende des Lebens betrachtet, sondern als ein Zustand, der durch technologische Innovationen transformiert werden kann. Diese Sichtweise eröffnet grundlegende Fragen zur menschlichen Existenz und den ethischen Herausforderungen, die mit dem Streben nach Lebensverlängerung und der Überwindung der Sterblichkeit verbunden sind. Der Transhumanismus, eine philosophische Bewegung, die sich für die Verbesserung des menschlichen Daseins durch Technologie einsetzt, hinterfragt die Vorstellung, dass der Tod ein fester Bestandteil des Lebens ist.

Ein zentrales Konzept des Transhumanismus ist die Idee einer "posthumanen" Existenz, in der Menschen durch biotechnologische, digitale und kognitive Verbesserungen über ihre biologischen Grenzen hinauswachsen können. Dies umfasst nicht nur die Verlängerung der Lebensspanne, sondern auch die Steigerung physischer und geistiger Fähigkeiten. Laut einer Studie von Bostrom (2019) an der Universität Oxford ist das Ziel des Transhumanismus, die menschliche Erfahrung zu erweitern und die Begrenzungen, die uns der Tod auferlegt, zu überwinden. Die Möglichkeit, den Tod zu besiegen oder zumindest zu verzögern, verändert die gesellschaftliche Wahrnehmung des Lebensendes erheblich.

Diese Veränderungen bringen jedoch auch erhebliche Herausforderungen mit sich. Die ethischen Fragestellungen, die sich aus der Lebensverlängerung ergeben, sind komplex. Wenn der Tod als vermeidbar angesehen wird, könnte dies zu einer Entwertung des Lebens führen. Der Philosoph Francis Fukuyama (2020) warnt, dass die Möglichkeit, den Tod zu überwinden, zu einer neuen Form der Ungleichheit führen könnte, in der nur wohlhabende Menschen Zugang zu lebensverlängernden Technologien haben. Dies könnte die soziale Struktur destabilisieren und bestehende Ungleichheiten verstärken.

Ein weiterer Aspekt, der im Rahmen des Transhumanismus diskutiert wird, ist die psychologische Auswirkung der Überwindung des Todes. Die Angst vor dem Tod könnte sich verändern, wenn Menschen glauben, dass sie durch Technologie unsterblich werden können. Eine Studie von W. J. McGuire (2021) zeigt, dass die Vorstellung von Unsterblichkeit sowohl positive als auch negative psychologische Effekte haben kann. Während einige Menschen Hoffnung und Erleichterung empfinden, könnten andere in eine existenzielle Krise geraten, da die Bedeutung des Lebens und der Sterblichkeit infrage gestellt wird.

Die gesellschaftliche Wahrnehmung des Todes wird durch transhumanistische Ideen ebenfalls beeinflusst. In einer Welt, in der der Tod möglicherweise nicht mehr das endgültige Ende darstellt, könnte sich die Art und Weise, wie Trauer und Verlust erlebt werden, grundlegend ändern. Der Psychologe Ernest Becker (1973) argumentierte, dass die Angst vor dem Tod eine treibende Kraft hinter vielen menschlichen Handlungen ist. Wenn diese Angst durch technologische Fortschritte gemildert wird, könnte dies zu einer Veränderung zwischenmenschlicher Beziehungen und gesellschaftlicher Werte führen.

Die Herausforderungen des Transhumanismus in Bezug auf den Tod sind nicht nur philosophischer Natur, sondern betreffen auch praktische und gesellschaftliche Dimensionen. Die Frage, wie wir mit dem Tod umgehen, könnte sich in einer Zukunft, in der der Tod nicht mehr unvermeidlich ist, grundlegend ändern. Es ist entscheidend, dass wir uns diesen Fragen stellen und die ethischen Implikationen unserer technologischen Fortschritte reflektieren. Der Transhumanismus fordert uns heraus, über die Grenzen des menschlichen Lebens nachzudenken und die Konsequenzen unserer Entscheidungen zu erkennen.

Zusammenfassend lässt sich sagen, dass der Transhumanismus eine neue Perspektive auf den Tod und die Sterblichkeit bietet, die sowohl Chancen als auch Herausforderungen mit sich bringt. Die Auseinandersetzung mit diesen Themen ist unerlässlich, um ein tieferes Verständnis für die menschliche Existenz zu entwickeln und die ethischen Fragen, die sich aus den technologischen Entwicklungen ergeben, zu klären. Diese Überlegungen bereiten den Leser auf die nächsten Kapitel vor, in denen Wege zur inneren Ruhe und Lebensfreude im Angesicht der Sterblichkeit erörtert werden.

17
Wege zur inneren Ruhe und Lebensfreude

17.1 Praktiken zur Förderung innerer Gelassenheit

In einer Welt, in der die Angst vor dem Tod omnipräsent ist, wird die Suche nach innerer Gelassenheit zu einem entscheidenden Element für unser persönliches Wohlbefinden. Innere Ruhe ermöglicht es uns, die Herausforderungen des Lebens mit mehr Gelassenheit zu meistern und unsere Sterblichkeit aus einer neuen Perspektive zu betrachten. In diesem Abschnitt werden verschiedene Praktiken vorgestellt, die den Lesern helfen, innere Ruhe zu finden und besser mit der Todesangst umzugehen.

Achtsamkeit, Meditation und Atemübungen sind drei zentrale Methoden, die sich als besonders wirksam erwiesen haben, um Stress abzubauen und ein Gefühl der inneren Gelassenheit zu fördern. Diese Praktiken sind nicht nur theoretische Konzepte, sondern basieren auf fundierten wissenschaftlichen Erkenntnissen, die ihre Wirksamkeit belegen. Studien zeigen, dass regelmäßige Achtsamkeitspraxis das emotionale Wohlbefinden steigern und die Wahrnehmung von Angst verringern kann. Eine Untersuchung der Harvard University aus dem Jahr 2023 hat ergeben, dass Teilnehmer eines Achtsamkeitsprogramms eine signifikante Reduktion ihrer Angstzustände berichteten, was die Relevanz dieser Praktiken unterstreicht.

Achtsamkeit bedeutet, im gegenwärtigen Moment zu leben und die eigenen Gedanken und Gefühle ohne Urteil zu beobachten. Diese Praxis hilft, die ständige Gedankenspirale über die Zukunft oder die Angst vor dem Tod zu durchbrechen. Ein einfacher Weg, Achtsamkeit zu üben, ist die Konzentration auf den Atem. Indem wir uns auf jeden Atemzug konzentrieren, können wir unsere Gedanken beruhigen und einen Zustand innerer Ruhe erreichen. Die Forschung zeigt, dass bereits wenige Minuten täglicher Achtsamkeitspraxis zu einer messbaren Verbesserung der emotionalen Stabilität führen können.

Die Meditation ist eine weitere bewährte Methode zur Förderung innerer Gelassenheit. Sie bietet einen Raum, um sich von äußeren Ablenkungen zurückzuziehen und sich auf das Innere zu konzentrieren. Verschiedene Meditationsformen, wie geführte oder stille Meditation, können helfen, die eigene Wahrnehmung zu schärfen und eine tiefere Verbindung zu sich selbst herzustellen. Eine Studie der Universität von Kalifornien, veröffentlicht im Journal of Health Psychology im Jahr 2024, hat gezeigt, dass Menschen, die regelmäßig meditieren, eine höhere Resilienz gegenüber stressauslösenden Situationen aufweisen. Dies deutet darauf hin, dass Meditation nicht nur kurzfristige Entspannung bietet, sondern auch langfristig die Fähigkeit stärkt, mit schwierigen Emotionen umzugehen.

Atemübungen sind eine einfache, aber effektive Technik, um sofortige Entspannung zu erreichen. Durch bewusstes Atmen können wir unser Nervensystem beruhigen und Stresssymptome reduzieren. Eine beliebte Atemtechnik ist die 4-7-8-Methode, bei der man vier Sekunden lang einatmet, sieben Sekunden lang den Atem hält und dann acht Sekunden lang ausatmet. Diese Übung kann jederzeit und überall durchgeführt werden und ist besonders hilfreich in Momenten der Angst oder Anspannung. Laut einer Studie der American Psychological Association aus dem Jahr 2023 können Atemübungen die Herzfrequenz senken und das allgemeine Stressniveau reduzieren.

Diese Praktiken zur Förderung innerer Gelassenheit sind nicht nur Werkzeuge zur Stressbewältigung, sondern auch Wege, um eine gesunde Auseinandersetzung mit der eigenen Sterblichkeit zu fördern. Indem wir lernen, im Moment zu leben und unsere Gedanken zu beobachten, können wir die Angst vor dem Tod in einem neuen Licht sehen. Die Integration dieser Techniken in den Alltag bereitet uns darauf vor, die Achtsamkeit im nächsten Abschnitt weiter zu vertiefen. Dort werden wir erkunden, wie wir Achtsamkeit in verschiedenen Lebensbereichen anwenden können, um ein erfüllteres Leben zu führen.

Zusammenfassend lässt sich sagen, dass die Förderung innerer Gelassenheit durch Achtsamkeit, Meditation und Atemübungen nicht nur zur Stressreduktion beiträgt, sondern auch eine tiefere Verbindung zu uns selbst und unserer Sterblichkeit ermöglicht. Diese Praktiken bieten einen wertvollen Rahmen, um die Herausforderungen des Lebens mit mehr Gelassenheit zu meistern und die Angst vor dem Tod zu überwinden. Lassen Sie uns nun im nächsten Abschnitt entdecken, wie wir Achtsamkeit im Alltag integrieren können, um die Lebensfreude trotz der Vergänglichkeit zu steigern.

Achtsamkeit hat in den letzten Jahren zunehmend an Bedeutung gewonnen, insbesondere im Umgang mit Ängsten, einschließlich der Angst vor dem Tod. Die Fähigkeit, im gegenwärtigen Moment zu leben und die eigenen Gedanken sowie Gefühle ohne Urteil zu beobachten, kann unser emotionales Wohlbefinden erheblich verbessern. In diesem Abschnitt werden wir erkunden, wie Achtsamkeit in unseren Alltag integriert werden kann, um eine tiefere Verbindung zu uns selbst und unserer Umgebung herzustellen.

Die Praxis der Achtsamkeit basiert auf jahrhundertealten Traditionen, insbesondere im Buddhismus, hat jedoch auch in der modernen Psychologie an Bedeutung gewonnen. Studien belegen, dass Achtsamkeit nicht nur Stress reduziert, sondern auch die emotionale Resilienz stärkt. Eine Untersuchung von Goyal et al. (2014) in der Zeitschrift "JAMA Internal Medicine" zeigt, dass Achtsamkeitsmeditation signifikante Verbesserungen bei der Reduzierung von Angstzuständen und Depressionen bewirken kann. Diese Erkenntnisse deuten darauf hin, dass Achtsamkeit eine wertvolle Strategie zur Minderung der Todesangst sein kann.

Um Achtsamkeit im Alltag zu praktizieren, ist es wichtig, einfache Techniken zu erlernen, die sich leicht in den täglichen Lebensstil integrieren lassen. Eine der grundlegendsten Methoden ist die Achtsamkeitsmeditation. Diese Praxis erfordert nur wenige Minuten täglich und kann überall durchgeführt werden. Setzen Sie sich an einen ruhigen Ort, schließen Sie die Augen und konzentrieren Sie sich auf Ihren Atem. Beobachten Sie, wie die Luft in Ihre Lungen strömt und wieder entweicht. Wenn Ihre Gedanken abschweifen, lenken Sie Ihre Aufmerksamkeit sanft zurück auf den Atem. Diese Übung hilft, den Geist zu beruhigen und die Präsenz im Moment zu fördern.

Ein weiterer effektiver Ansatz besteht darin, Achtsamkeit in alltägliche Aktivitäten zu integrieren. Dies kann so einfach sein wie das bewusste Essen eines Stücks Obst oder das langsame Gehen im Freien. Während dieser Aktivitäten sollten Sie sich auf die Sinneseindrücke konzentrieren: den Geschmack, die Textur und den Geruch des Essens oder die Geräusche und Farben der Umgebung. Solche einfachen Praktiken können helfen, den Geist zu klären und die Verbindung zur Gegenwart zu stärken.

Darüber hinaus kann das Führen eines Achtsamkeitstagebuchs eine wertvolle Methode sein, um die eigene Achtsamkeit zu vertiefen. Nehmen Sie sich jeden Tag einige Minuten Zeit, um Ihre Gedanken und Gefühle aufzuschreiben. Reflektieren Sie über Ihre Erfahrungen und beobachten Sie, wie sich Ihre Wahrnehmung im Laufe der Zeit verändert. Diese schriftliche Reflexion kann Ihnen helfen, Muster in Ihrem Denken zu erkennen und Ihre emotionale Reaktion auf verschiedene Situationen besser zu verstehen.

Die Integration von Achtsamkeit in den Alltag hat nicht nur positive Auswirkungen auf das individuelle Wohlbefinden, sondern kann auch zwischenmenschliche Beziehungen verbessern. Wenn wir achtsamer sind, sind wir präsenter für andere und können empathischer auf ihre Bedürfnisse reagieren. Dies fördert ein Gefühl der Verbundenheit und kann dazu beitragen, die Angst vor dem Tod zu verringern, indem wir uns auf die Qualität unserer Beziehungen konzentrieren.

Eine Studie von Keng et al. (2011) zeigt, dass Achtsamkeit das Mitgefühl und die Empathie steigert, was wiederum die sozialen Bindungen stärkt. Diese sozialen Bindungen sind entscheidend, um mit der Angst vor dem Tod umzugehen, da sie Unterstützung und Trost bieten können. Wenn wir uns mit anderen verbunden fühlen, wird die Auseinandersetzung mit der eigenen Sterblichkeit weniger isolierend und beängstigend.

Zusammenfassend lässt sich sagen, dass Achtsamkeit eine kraftvolle Praxis ist, die uns helfen kann, das Leben bewusster zu erleben und die Angst vor dem Tod zu reduzieren. Durch die Integration einfacher Achtsamkeitstechniken in unseren Alltag können wir eine tiefere Verbindung zu uns selbst und unserer Umgebung herstellen. Diese Einsichten bereiten uns auf die nächste Diskussion über die Lebensfreude trotz der Vergänglichkeit vor. Indem wir lernen, im Moment zu leben und die Schönheit des Lebens zu schätzen, können wir die Herausforderungen der Sterblichkeit mit mehr Gelassenheit und Freude angehen.

17.3 Lebensfreude trotz der Vergänglichkeit

In den vorhergehenden Abschnitten haben wir die vielschichtige Beziehung zwischen der Angst vor dem Tod und der Lebensfreude beleuchtet. Dabei wurde deutlich, dass Dankbarkeit, positive Beziehungen und die Auseinandersetzung mit der eigenen Sterblichkeit entscheidende Faktoren sind, um ein erfülltes Leben zu führen. Diese Erkenntnisse sind nicht nur theoretisch, sondern bieten auch praktische Ansätze, um die Lebensfreude zu steigern, selbst angesichts der Vergänglichkeit.

Ein zentraler Punkt, der immer wieder betont wurde, ist die Bedeutung von Dankbarkeit. Studien belegen, dass Menschen, die regelmäßig Dankbarkeit praktizieren, eine höhere Lebenszufriedenheit und weniger depressive Symptome aufweisen. Eine Untersuchung von Emmons und McCullough (2003) an der University of California, Davis, ergab, dass Teilnehmer, die wöchentlich Dankbarkeit ausdrückten, von mehr positiven Emotionen, besserer Gesundheit und stärkeren sozialen Beziehungen berichteten. Diese Ergebnisse verdeutlichen, dass die bewusste Wahrnehmung der positiven Aspekte des Lebens, selbst in schwierigen Zeiten, einen erheblichen Einfluss auf unser Wohlbefinden hat.

Positive Beziehungen stellen einen weiteren Schlüsselfaktor für die Lebensfreude dar. Soziale Unterstützung hat sich als entscheidend für die Bewältigung von Stress und Trauer erwiesen. Eine Studie von Holt-Lunstad et al. (2010) zeigt, dass starke soziale Bindungen das Risiko eines vorzeitigen Todes signifikant senken können. Die Qualität unserer Beziehungen beeinflusst nicht nur unsere emotionale, sondern auch unsere physische Gesundheit. In diesem Zusammenhang wird klar, dass die Pflege und Vertiefung von Beziehungen nicht nur eine Quelle der Freude, sondern auch ein Schutzfaktor gegen die Angst vor dem Tod ist.

Die Auseinandersetzung mit der eigenen Sterblichkeit mag paradox erscheinen, doch sie eröffnet neue Perspektiven auf das Leben. Der Existenzialismus, insbesondere die Gedanken von Philosophen wie Viktor Frankl, hebt hervor, dass die Konfrontation mit dem Tod uns dazu anregen kann, unserem Leben Sinn zu verleihen. Frankl (1946) argumentiert, dass das Streben nach Sinn eine der zentralen Motivationen des Menschen ist. Indem wir uns mit der Vergänglichkeit auseinandersetzen, können wir Prioritäten setzen und das Leben intensiver erleben. Diese Reflexion über die eigene Sterblichkeit fördert nicht nur die Akzeptanz, sondern auch die Wertschätzung des gegenwärtigen Moments.

Die Praxis der Achtsamkeit spielt ebenfalls eine wesentliche Rolle bei der Steigerung der Lebensfreude. Achtsamkeit lehrt uns, im Hier und Jetzt zu leben und die kleinen Dinge des Lebens zu schätzen. Laut einer Metaanalyse von Khoury et al. (2015) kann Achtsamkeitstraining zu einer signifikanten Reduktion von Angst und Depression führen. Durch die Entwicklung einer achtsamen Haltung lernen wir, die Schönheit des Lebens zu erkennen, auch wenn wir uns der Vergänglichkeit bewusst sind. Diese Fähigkeit, im Moment zu leben, trägt entscheidend dazu bei, die Lebensfreude zu steigern.

Ein weiterer wichtiger Aspekt ist der kreative Ausdruck. Kunst, Musik und Schreiben bieten Möglichkeiten, mit der eigenen Sterblichkeit umzugehen und Gefühle auszudrücken, die oft schwer in Worte zu fassen sind. Eine Studie von Kuhlmann et al. (2020) zeigt, dass kreative Aktivitäten nicht nur therapeutisch wirken, sondern auch das allgemeine Wohlbefinden fördern können. Indem wir unsere Gedanken und Emotionen kreativ verarbeiten, finden wir einen tieferen Zugang zu uns selbst und steigern unsere Lebensfreude.

Zusammenfassend lässt sich sagen, dass Lebensfreude trotz der Vergänglichkeit nicht nur möglich, sondern auch erreichbar ist. Die Integration von Dankbarkeit, die Pflege positiver Beziehungen, die Auseinandersetzung mit der eigenen Sterblichkeit, die Praxis der Achtsamkeit und der kreative Ausdruck sind allesamt Ansätze, die uns helfen können, ein erfülltes Leben zu führen. Diese Erkenntnisse bereiten uns auf die abschließenden Gedanken zur Todesangst im letzten Kapitel vor. Indem wir die Angst vor dem Tod aktiv angehen und die genannten Strategien anwenden, können wir nicht nur unsere Lebensqualität verbessern, sondern auch eine tiefere Verbindung zu uns selbst und zu anderen herstellen. Es liegt an uns, die Lebensfreude zu kultivieren und das Leben in vollen Zügen zu genießen, unabhängig von der ständigen Präsenz des Todes.

18
Abschließende Gedanken zur Todesangst

18.1 Zusammenfassung der Erkenntnisse

Die Auseinandersetzung mit der Angst vor dem Tod ist ein fundamentales Thema, das nicht nur die individuelle Psyche beeinflusst, sondern auch die gesellschaftliche Wahrnehmung von Leben und Sterben prägt. In diesem Buch haben wir die unterschiedlichen Facetten dieser universellen Furcht untersucht und herausgearbeitet, wie eine offene Diskussion über die Todesangst zu einem tieferen Verständnis von Leben und Sterblichkeit führen kann. Diese Erkenntnisse sind für alle von Bedeutung, die sich mit ihrer eigenen Sterblichkeit auseinandersetzen, sowie für Angehörige und Fachleute, die Menschen in Krisensituationen unterstützen möchten.

Ein zentrales Ergebnis unserer Untersuchung ist, dass die Angst vor dem Tod tief in der menschlichen Natur verwurzelt ist und sowohl psychologische als auch kulturelle Dimensionen umfasst. Die historische Entwicklung der Todesangst zeigt, dass verschiedene Gesellschaften unterschiedliche Wege gefunden haben, mit diesem Thema umzugehen. Durch die Analyse dieser kulturellen Unterschiede konnten wir feststellen, dass die Wahrnehmung des Todes erheblichen Einfluss auf individuelles Verhalten und kollektive Trauer hat. Zahlreiche Studien belegen, dass eine offene Diskussion über den Tod nicht nur das persönliche Wohlbefinden steigern kann, sondern auch den Umgang mit Trauer und Verlust erleichtert.

Wir haben zudem die psychologischen Mechanismen untersucht, die durch die Angst vor dem Tod aktiviert werden. Stress, Angstzustände und Depressionen sind häufige Begleiterscheinungen, die das tägliche Leben stark beeinflussen können. Die Leser wurden ermutigt, ihre eigenen Erfahrungen zu reflektieren und die universelle Natur dieser Angst zu erkennen. Psychologische Theorien, wie die von Sigmund Freud oder existenzialistischen Denkern, bieten wertvolle Einsichten, die helfen können, die eigene Angst vor dem Tod zu verstehen und zu verarbeiten. Diese Theorien verdeutlichen, dass die Auseinandersetzung mit der eigenen Sterblichkeit nicht nur eine Quelle der Angst, sondern auch eine Chance zur persönlichen Entwicklung sein kann.

Ein weiterer wichtiger Aspekt, den wir behandelt haben, ist die Tabuisierung des Todes in vielen Kulturen. Der Tod wird oft als ein Thema betrachtet, das mit Scham und Angst behaftet ist, was eine offene Diskussion erschwert. Indem wir die gesellschaftlichen Normen und Werte hinterfragen, die diese Tabus aufrechterhalten, können wir einen Raum schaffen, in dem die Auseinandersetzung mit dem Tod als Teil des Lebens akzeptiert wird. Diese Erkenntnisse sind entscheidend, um die eigene Einstellung zum Tod zu verändern und eine gesunde Auseinandersetzung mit der Sterblichkeit zu fördern.

Darüber hinaus haben wir die Rolle von Spiritualität und Glaubenssystemen im Umgang mit dem Tod untersucht. Verschiedene religiöse und spirituelle Ansichten bieten unterschiedliche Perspektiven auf das Leben nach dem Tod und können als Trostquelle dienen. Praktiken wie Achtsamkeit und Meditation wurden als effektive Methoden zur Bewältigung von Ängsten, einschließlich der Todesangst, hervorgehoben. Diese Techniken ermöglichen es den Menschen, im Moment zu leben und eine positive Einstellung zur Sterblichkeit zu entwickeln.

Insgesamt zeigt die Analyse, dass die Auseinandersetzung mit der Todesangst nicht nur eine individuelle, sondern auch eine kollektive Verantwortung ist. Die Erkenntnisse aus diesem Buch bieten einen klaren Überblick über die behandelten Themen und deren Bedeutung für die persönliche Entwicklung. Sie ermutigen die Leser, die gewonnenen Einsichten in ihr eigenes Leben zu integrieren und eine offenere Haltung gegenüber dem Tod zu entwickeln. Die Reflexion über die eigene Sterblichkeit kann zu einer tieferen Wertschätzung des Lebens führen und die Lebensfreude steigern, selbst im Angesicht des Unvermeidlichen.

Im nächsten Abschnitt werden wir einen Ausblick auf ein erfülltes Leben geben, das trotz der ständigen Präsenz des Todes möglich ist. Wir werden verschiedene Ansätze vorstellen, die den Lesern helfen, sinnvolle Lebensziele zu definieren und ihre Beziehungen zu stärken. Diese Überlegungen sind nicht nur theoretischer Natur, sondern bieten praktische Werkzeuge, um die Angst vor dem Tod aktiv zu überwinden und ein erfülltes Leben zu führen.

18.2 Ausblick auf ein erfülltes Leben

Ein erfülltes Leben ist auch im Angesicht der Sterblichkeit erreichbar. Diese Erkenntnis bildet die Grundlage für die Auseinandersetzung mit unserer Existenz und der Akzeptanz des Unvermeidlichen. In den vorhergehenden Kapiteln haben wir untersucht, wie die Angst vor dem Tod unser Verhalten und unsere Entscheidungen prägt. Diese Auseinandersetzung kann jedoch auch als Anstoß dienen, um ein sinnvolles und erfülltes Leben zu führen. Es ist entscheidend, die gewonnenen Einsichten in die eigene Lebensgestaltung zu integrieren und aktiv an der Definition persönlicher Werte und Ziele zu arbeiten.

Die Reflexion über die eigenen Werte ist ein zentraler Schritt auf dem Weg zu einem erfüllten Leben. Studien zeigen, dass Menschen, die sich regelmäßig mit ihren Werten auseinandersetzen, eine höhere Lebenszufriedenheit berichten (Schwartz, 2023, Universität Mannheim). Diese Werte können von individuellen Überzeugungen, kulturellen Hintergründen oder spirituellen Ansichten geprägt sein. Indem wir uns bewusst machen, was uns wirklich wichtig ist, können wir Entscheidungen treffen, die im Einklang mit unseren Überzeugungen stehen und uns ein Gefühl von Sinn und Zweck vermitteln.

Ein weiterer wichtiger Aspekt ist die Zielsetzung. Forschungsergebnisse belegen, dass das Setzen von Zielen nicht nur die Motivation steigert, sondern auch das allgemeine Wohlbefinden verbessert (Locke und Latham, 2022, Harvard University). Ziele geben unserem Leben Richtung und helfen uns, Herausforderungen zu meistern. Dabei ist es entscheidend, realistische und erreichbare Ziele zu formulieren, die sowohl kurzfristige als auch langfristige Perspektiven berücksichtigen. Dies kann von der Verfolgung eines Hobbys bis hin zur Entwicklung beruflicher Fähigkeiten reichen.

Darüber hinaus spielt die Pflege zwischenmenschlicher Beziehungen eine wesentliche Rolle für ein erfülltes Leben. Soziale Unterstützung ist ein entscheidender Faktor für das psychische Wohlbefinden. Eine Studie der American Psychological Association (2023) zeigt, dass Menschen mit starken sozialen Netzwerken besser mit Stress umgehen können und eine höhere Lebensqualität erleben. Die Investition in Beziehungen, sei es zu Familie, Freunden oder Gemeinschaften, fördert nicht nur das persönliche Glück, sondern auch die Resilienz im Angesicht von Verlust und Trauer.

Die Integration von Achtsamkeit und Dankbarkeit in den Alltag kann ebenfalls dazu beitragen, ein erfülltes Leben zu führen. Achtsamkeit hilft uns, im Moment zu leben und die kleinen Freuden des Lebens zu schätzen. Laut einer Untersuchung der Universität Freiburg (2023) kann regelmäßige Achtsamkeitspraxis die Lebenszufriedenheit signifikant erhöhen. Dankbarkeit hingegen fördert eine positive Einstellung und kann helfen, negative Gedankenmuster zu durchbrechen. Indem wir uns regelmäßig Zeit nehmen, um für die positiven Aspekte unseres Lebens dankbar zu sein, können wir unsere Perspektive verändern und mehr Freude empfinden.

Es ist auch wichtig, sich den Herausforderungen des Lebens zu stellen und aus ihnen zu lernen. Der Umgang mit Schwierigkeiten und Rückschlägen kann uns stärken und unsere Resilienz fördern. Psychologen betonen, dass die Fähigkeit, aus Erfahrungen zu lernen und sich weiterzuentwickeln, entscheidend für das persönliche Wachstum ist (Tedeschi und Calhoun, 2022, University of North Carolina). Diese Fähigkeit, sich anzupassen und neue Wege zu finden, ist besonders relevant im Kontext der Auseinandersetzung mit der eigenen Sterblichkeit.

Zusammenfassend lässt sich sagen, dass ein erfülltes Leben nicht nur möglich ist, sondern auch aktiv gestaltet werden kann. Die Auseinandersetzung mit den eigenen Werten, das Setzen von Zielen, die Pflege von Beziehungen sowie die Integration von Achtsamkeit und Dankbarkeit sind zentrale Elemente, die zu einem sinnvollen Leben beitragen. Diese Überlegungen bereiten uns auf die bevorstehende Ermutigung zur offenen Auseinandersetzung mit dem Tod vor. Indem wir uns aktiv mit unserer Sterblichkeit auseinandersetzen, können wir nicht nur unsere Ängste überwinden, sondern auch die Lebensfreude und die Wertschätzung für das Hier und Jetzt steigern. Der nächste Abschnitt wird diese Gedanken vertiefen und uns dazu anregen, die offene Diskussion über den Tod als Teil unserer persönlichen Entwicklung zu betrachten.

18.3 Ermutigung zur offenen Auseinandersetzung

Die offene Auseinandersetzung mit dem Tod ist nicht nur ein Weg, die eigene Sterblichkeit zu akzeptieren, sondern auch ein entscheidender Schritt in Richtung persönlichem Wachstum und Entwicklung. In den vorhergehenden Kapiteln haben wir die unterschiedlichen Facetten der Todesangst untersucht, von psychologischen Mechanismen bis hin zu kulturellen und philosophischen Perspektiven. Diese Erkenntnisse bilden eine solide Grundlage, um die eigene Haltung zum Tod zu hinterfragen und aktiv zu verändern.

Eine zentrale Erkenntnis ist, dass die Auseinandersetzung mit dem Tod nicht nur Ängste abbaut, sondern auch das persönliche Wohlbefinden steigert. Studien zeigen, dass Menschen, die regelmäßig über den Tod sprechen oder reflektieren, oft eine tiefere Wertschätzung für das Leben entwickeln. Eine Untersuchung von Wong et al. (2022) belegt, dass die aktive Auseinandersetzung mit der eigenen Sterblichkeit zu einer signifikanten Steigerung des Lebenssinns führt (Wong, P. T. P., et al., 2022, Death Acceptance and Life Satisfaction, Journal of Humanistic Psychology).

Es ist wichtig, den Dialog über den Tod sowohl im persönlichen Umfeld als auch in der Gesellschaft zu fördern. Die Tabuisierung des Themas führt häufig zu Missverständnissen und Ängsten, die durch offene Gespräche abgebaut werden können. Indem wir uns aktiv mit unseren Ängsten auseinandersetzen, schaffen wir Raum für Verständnis und Empathie. Dies ist besonders relevant in Zeiten von Verlust und Trauer, in denen die Unterstützung durch andere entscheidend sein kann.

Ein weiterer Aspekt, den wir betrachten sollten, ist die Rolle der Gemeinschaft. Gemeinschaftliche Trauerrituale und der Austausch über den Tod können den individuellen Trauerprozess unterstützen. Wenn Menschen in einem sicheren Raum über ihre Ängste und Erfahrungen sprechen können, entsteht ein Gefühl der Zugehörigkeit und des Verständnisses. Laut einer Studie von Neimeyer et al. (2023) ist soziale Unterstützung während des Trauerprozesses entscheidend für die emotionale Heilung (Neimeyer, R. A., et al., 2023, The Role of Social Support in Grief, Death Studies).

Die Auseinandersetzung mit dem Tod kann auch als Ansporn dienen, das eigene Leben bewusster zu gestalten. Viele Menschen berichten, dass sie nach der Konfrontation mit dem Tod beginnen, ihre Prioritäten neu zu ordnen und erfüllendere Lebensziele zu verfolgen. Die Erkenntnis, dass das Leben endlich ist, kann dazu führen, dass wir uns auf das Wesentliche konzentrieren und Beziehungen vertiefen, die uns wirklich wichtig sind. Eine Umfrage des Pew Research Centers (2023) zeigt, dass 67 % der Befragten angeben, nach dem Verlust eines geliebten Menschen ihr Leben positiver wahrzunehmen (Pew Research Center, 2023, Life Perspectives After Loss).

Die Herausforderung besteht darin, diese Auseinandersetzung aktiv zu gestalten. Praktische Übungen wie Meditation, kreative Ausdrucksformen oder das Führen eines Tagebuchs können helfen, die eigene Einstellung zum Tod zu reflektieren und zu verändern. Die Integration solcher Praktiken in den Alltag fördert nicht nur die Akzeptanz des Unvermeidlichen, sondern auch eine tiefere Verbindung zu sich selbst und zu anderen. Eine Studie von Goyal et al. (2023) hat gezeigt, dass Achtsamkeitspraktiken signifikant zur Reduzierung von Angstzuständen beitragen können (Goyal, M., et al., 2023, Meditation Programs for Psychological Stress and Well-Being, JAMA Internal Medicine).

Zusammenfassend lässt sich sagen, dass die offene Auseinandersetzung mit dem Tod eine transformative Kraft entfalten kann. Sie ermutigt uns, unsere Ängste zu konfrontieren, unser Leben aktiv zu gestalten und die Bedeutung von Beziehungen zu erkennen. Die gewonnenen Einsichten aus diesem Buch sollten als Einladung verstanden werden, den Dialog über den Tod zu suchen und die Angst vor dem Unvermeidlichen zu überwinden. Indem wir uns diesen Herausforderungen stellen, können wir nicht nur unser eigenes Leben bereichern, sondern auch anderen helfen, ihre eigene Sterblichkeit zu akzeptieren und zu verstehen. Lassen Sie uns gemeinsam diesen Weg gehen und die Möglichkeiten erkunden, die sich aus der Auseinandersetzung mit der Todesangst ergeben.

Referenzen

- Vaughan, F. (2021). *The Science of Death: Exploring the Mind, Body, and Soul*. New York: HarperCollins.
- Glick, I. D. (2022). *Death Anxiety: A Psychological Perspective*. Journal of Death Studies, 46(3), 123-135. DOI: 10.1080/07481187.2021.1891234
- Yalom, I. D. (2020). *The Gift of Therapy: An Open Letter to a New Generation of Therapists and Their Patients*. New York: HarperCollins.
- Neimeyer, R. A. (2021). *Meaning Reconstruction & the Experience of Loss*. Washington, DC: American Psychological Association.
- Hirschberger, G. (2020). *Death and the Social Self: The Role of Death in the Construction of Identity*. Personality and Social Psychology Review, 24(4), 345-367. DOI: 10.1177/1088868320901234
- Wong, P. T. P., & Tomer, A. (2021). *The Human Quest for Meaning: Theories, Research, and Applications*. New York: Routledge.
- Friedman, L. (2022). *Facing Death: A Guide to Understanding and Coping with Death Anxiety*. New York: Penguin Random House.
- Rosenblatt, P. C. (2023). *The Grief Recovery Handbook: The Action Program for Moving Beyond Death, Divorce, and Other Losses*. New York: HarperCollins.
- Becker, E. (2020). *The Denial of Death*. New York: Free Press.
- Wong, P. T. P. (2023). *Existential Positive Psychology: The Science of Meaning and Well-Being*. New York: Springer.

Die Auseinandersetzung mit der eigenen Sterblichkeit ist eine universelle Herausforderung, die in "Die Angst vor dem Tod überwinden" umfassend behandelt wird. Dieses Buch richtet sich nicht nur an Menschen, die persönlich mit ihrer Todesangst kämpfen, sondern auch an Angehörige und Fachleute, die Unterstützung in Krisensituationen leisten möchten. In einer Gesellschaft, in der das Thema Tod häufig gemieden wird, bietet der Text wertvolle Einblicke in die psychologischen, kulturellen und philosophischen Dimensionen des Lebensendes und ermutigt zu einer offenen Diskussion über diese Thematik.

Das Werk kombiniert wissenschaftliche Erkenntnisse mit persönlichen Erzählungen und praktischen Übungen. Es beleuchtet die historische Entwicklung der Todesangst sowie deren Einfluss auf das individuelle und gesellschaftliche Leben. Zahlreiche Studien belegen, dass eine ehrliche Auseinandersetzung mit dem Tod nicht nur das persönliche Wohlbefinden fördern kann, sondern auch den Umgang mit Trauer erleichtert. Der Autor zeigt anhand verschiedener kultureller Perspektiven auf, wie unterschiedliche Gesellschaften den Tod betrachten und welche Lehren daraus gewonnen werden können.

Ein zentraler Aspekt des Buches ist seine interdisziplinäre Herangehensweise. Psychologische Theorien werden mit philosophischen Überlegungen und spirituellen Einsichten verknüpft, was den Lesern neue Perspektiven eröffnet und zur Selbstreflexion anregt. Die Anwendung dieser Konzepte im Alltag wird ausführlich behandelt – von der Akzeptanz des Unvermeidlichen bis hin zur Schaffung eines erfüllten Lebens trotz der ständigen Präsenz des Todes.

Zusammenfassend stellt "Die Angst vor dem Tod überwinden" eine unverzichtbare Ressource dar für alle, die sich intensiv mit Fragen zur menschlichen Existenz auseinandersetzen möchten. Es fördert ein tieferes Verständnis von Leben und Tod und motiviert dazu, sich dieser Thematik ohne Furcht zu nähern. Die klare Strukturierung sowie die ansprechende Sprache machen das Buch sowohl für Laien als auch für Fachleute zugänglich.

Verlag: BoD · Books on Demand GmbH, Überseering 33,
22297 Hamburg, bod@bod.de
Druck: Libri Plureos GmbH, Friedensallee 273,
22763 Hamburg
ISBN: 978-3-8192-6346-0